《止学》今译

中国人的处世智慧

康华兰 著

SPM 南方传媒 | 广东经济出版社
·广州·

图书在版编目（CIP）数据

《止学》今译：中国人的处世智慧/康华兰著. --广州：
广东经济出版社，2025. 5. --ISBN 978-7-5454-8040-5

Ⅰ. B241. 15

中国国家版本馆 CIP 数据核字第 2024EU6381 号

责任编辑： 易　伦
责任校对： 罗玉琪
责任技编： 陆俊帆
封面设计： 回归线视觉传达

《止学》今译：中国人的处世智慧
《ZHIXUE》JIN YI：ZHONGGUOREN DE CHUSHI ZHIHUI
出 版 人： 刘卫平
出版发行： 广东经济出版社（广州市水荫路 11 号 11 ～ 12 楼）
印　　刷： 广州市豪威彩色印务有限公司（广州市增城区宁西街新和南路 4 号）
开　　本： 787mm×1092mm　1/16　　**印　　张：** 16. 5
版　　次： 2025 年 5 月第 1 版　　**印　　次：** 2025 年 5 月第 1 次
书　　号： ISBN 978-7-5454-8040-5　　**字　　数：** 150 千字
定　　价： 68. 00 元

发行电话：（020）87393830

知止，则日进无疆，反者，道之动。知足不辱，知止不殆。

——墨子

人生之善止，可防危境出现，不因功名而贪欲，不因感极而求妄。

——曾国藩

《止学》乃人生行为之约束，忽略此学，智者必有一失。

——曾国藩

序言

《止学》这本书，是我一直极力推荐大家阅读的一本国学经典。《止学》的作者王通（584—617 年），字仲淹，号文中子，是隋朝时期的教育家、思想家。在中华传统文化的语境下，名号后面带“子”字的，大多是圣贤之人。《三字经》就把王通列为诸子百家中的“五子”之一：“五子者，有荀扬，文中子，及老庄。”

也许有很多人不了解王通是何人、有何成就，但他的几个弟子可谓是家喻户晓——唐朝开国元勋魏征、房玄龄、杜如晦等，皆是他的得意门生（坊间传闻唐太宗李世民也是他的学生，不过这种说法目前还缺少史料的佐证），还有写下千古名篇《滕王阁序》的“初唐四杰”之首王勃，正是王通的嫡孙。基于此，有学者认为，王通对唐代文化思想的开创与发展，有着不可磨灭的卓越贡献。

《止学》以道家思想为基础，探讨了处世之道，被誉为阐释和弘扬道家思想的典范之作，内容的核心观点是“知止”，即“知道在适当的时候停止”。王通认为，“止”是一种大智慧，它能够帮助人们在面对复杂情况时作出最为明智的决策，规避风险。“止”这个字与每个人的成败得失、荣辱兴衰紧密相关，它能够左右一个人的命运走向，决定其人生最终是平凡庸碌还是伟大卓越。“大智知止，小智惟谋”，有大智慧的人知道适可而止，有小聪明的人总在绞尽脑汁，然而结果却是天壤之别。

《止学》全书共分为十卷——智卷、用势卷、利卷、辩卷、誉卷、情卷、蹇卷、释怨卷、心卷、修身卷，层层递进，系统地阐释了“知止”之道，强调智慧的运用须遵循一定的规律与方法，方不至于聪明反被聪明误。

这部以道家思想为根基，融摄儒、法精髓，构建起完整的处世哲学体系的智慧典籍，对中国传统文化的影响极为深远，曾国藩等众多古今名人都熟读此书，并将书中智慧充分、巧妙地运用到生活与事业当中。

曾国藩年少时就开始深研《止学》，他的自箴联“战战兢兢，即生时不忘地狱；坦坦荡荡，虽逆境亦畅天怀”所透露出的处世准则，正好与“知止”之道相契合。可以说，古往今来，无数成功人士都从《止学》中受益，他们的人生经历都佐证了同一个道理：真正的大智慧，是能精准把握做人做事的“度”，即“知止”。

《止学》一书的内容既具有深刻的哲理，也具有很强的实用价值，它能够帮助我们深入洞察自己与他人的内心世界，在生活和工作中精准识别并把握住成功的关键要素。

儒家经典中也有关于“知止”的论述。“四书”之一的《大学》中有云：“知止而后有定，定而后能静，静而后能安，安而后能虑，虑而后能得。物有本末，事有终始。知所先后，则近道矣。”这段话的核心意思是要懂得区分“先”和“后”，简单解释就是要明白事物演变的逻辑，懂得做事的顺序，清楚应先做何事、后做何事。但追溯至源头，其实还是“知止”两字。

人的一生，从呱呱坠地到寿终正寝，大致可划分为上半辈子与下半辈子。对大多数人而言，无论是身体还是事业：上半辈子都是在走上坡路，在做“加法”甚至“乘法”，积极进取；而下半辈子则是在走下坡路，在做“减法”和“除法”，回归平淡。如果把经营人生比喻成开车，那么上半辈子总是需要踩油门，下半辈子则必须踩刹车。人到中年时，就该放慢脚步，不再持续给自己施加压力，“慢下来”才是这个阶段应有的生活态度。

不管是在影视剧中还是在现实生活中，我们总能看到这样的一些家庭：在家庭经济条件不宽裕时，夫妻两人相濡以沫，日子过得也算是幸福美满，然而，当日渐富贵之后，夫妻间的矛盾却接踵而至。经济拮据的家庭，能够将孩子教育成才；经济富裕的家庭，孩子却被宠溺毁掉。还有些家庭，在没钱的时候兄弟姐妹亲密无间、相互扶持，可家大业大之后却上演“豪门恩怨”，因利益纷争而彼此反目成仇。这一切的根源，不正是有人对金钱追求无度，忘记了其他重要的东西，不“知止”吗！

在当下这个快节奏的时代，我们应该适时停下匆忙的脚步，让灵魂跟上身体。经营人生，最重要、最先要解决的事情是想清楚人生的意义与价值，否则即便拥有了巨量财富，开豪车、住豪宅，也感受不到幸福。为此，我们一定要学习传统文化，要深刻领会“知止”的智慧。

我相信，大多数人在阅读完《止学》这本书以后，人生的思想境界会得到显著提升。若在用心研读之外积极将书中智慧践行于生活之中，人生之路也必将变得更加开阔。这是一个“知行合一”的问题——倘若只学不用，是难以真正掌握《止学》之精髓的，收获成效更是无从谈起。

目　　录 / CONTENTS

利卷第三

辩卷第四

心卷第九

修身卷第十

智卷第一

1. 智极则愚也。圣人不患智寡，患德之有失焉。

译文

一个人如果聪明过了头，他的行为其实就是愚蠢的了。圣人从来不会担心自己的智谋不足，而总是担心自己的品德有所缺失。

为何说“智极则愚”？这其实很好理解，《红楼梦》中就有“机关算尽太聪明，反误了卿卿性命”的例子。苏东坡专门为他儿子写了一首名为《洗儿》的诗：“人皆养子望聪明，我被聪明误一生。惟愿孩儿愚且鲁，无灾无难到公卿。”苏东坡写下此诗，意在告诫子孙后代，为人处世宁愿愚笨一些，那样人生或许能少些灾祸、多些顺遂，不要像自己这般聪明过度，落得个“聪明反被聪明误”的下场。

爬泰山快到快活三里的时候，就能看到一块大石头，上面刻有四个字——“聪明正直”。中华传统文化认为，衡量一个人是否成功，要看他是否满足三个条件：其一，拥有聪明才智。其二，为人正直。其三，去世后，老百姓会将他尊奉为神。

我们家族叫康百万家族，又称河洛康家。明朝洪武年间，家族的始祖康守信从山西洪洞县出发，辗转迁徙至河南巩县（今巩义市）康店镇，并在此安家落户。自定居此地后，康家世代秉持着耕读传家、经商致富的理念，不辞辛劳，默默耕耘，渐渐地，家族变得兴旺发达。到了乾隆年间，康家的发展达到了鼎盛阶段，一跃成为中原地区赫赫有名的巨富之家。从六世祖康绍敬开始，一直到十八世祖康庭兰，康家在十三代、长达四百多年的岁月里始终保持兴旺，“富甲三省，船行六河”，可谓是豫商的杰出代表。

康家能够连续富裕十三代、兴盛四百年的秘诀，就写在《康氏家训》上：“经商结交务存吃亏心，酬酢务存退让心，日用务存节俭心，操持务存感恩心。愿使人鄙我疾，勿使人防我诈也，前人之愚，断非后人之智所可及，忠厚留有余。”

其中的“愿使人鄙我疾，勿使人防我诈也”一句，意思是“宁愿让别人因为我有缺点而瞧不起我，也不能让别人认为我是阴险狡诈之人，故而防着我”。这就是“圣人不患智寡，患德之有失焉”，怕在“德”上出问题。

“留余”是家训中最为核心的两个字。所谓“留余”，就是做人做事皆要留有余地。

康氏家族的堂号就叫“留余堂”，家族第十五代传人康道平特请人制下“留余匾”，上面刻有南宋时期名士王伯大（号留耕，又称留耕道人）的《四留铭》：“留有余，不尽之巧以还造化；留有余，不尽之禄以还朝廷；留有余，不尽之财以还百姓；留有余，不尽之福以还子孙。”

“留有余，不尽之巧以还造化”一句中，“巧”可理解为“小聪明”，“造化”可以理解为“老天爷”。这句话的意思是做事要留有余地，切不可处处耍小聪明。即便自己聪慧过人，也要懂得收敛，将部分聪明才智归还给老天爷。古人认为，过于聪明的人往往命运多舛，故有“天妒英才”的说法。而“留有余，不尽之禄以还朝廷”一句中，“禄”的意思是“俸禄”，“朝廷”则意指“国家”。这句话的意思是做事要留有余地，不能只知道从国家身上获取利益，却不懂得报效国家。放到今天，这句话依然是十分正确的。试想，如果每个人都不缴税，那么国家哪有资金去建造航空母舰，保卫领土呢？又哪有资金去修建高铁和公路，便利我们的生活呢？所以，我们不能一味地向国家索取，而应懂得回报国家。康家不仅是这么说的，也是这么做的，最典型的，就是历代康家人都积极行善，康家先祖们都认为行善乃“大德”。

关于行善的好处和必要性，古人多有论述。

《周易》中有这么一句：“积善之家，必有余庆；积不善之家，必有余殃。”这里的“积善”的意思是长期坚持做善事，秉持善良的品德和行为准则，“积”是指积累。“有余庆”的意思是除了自身能获得福报之外，还能福泽子孙后代。向善而行的良好家风会培养出品德高尚、有能力的后代，家族的声誉也会让后代获得更多的尊重和机遇，积累的人脉等资源能助力后代的发展等。从因果关系来看，就是善良的行为会产生一系列积极的反应并带来积极的结果，这些结果不仅有益于当下的家庭成员，还会惠及后代。“积不善”的意思是经常做不好的事情，如违背道德甚至触犯法律等。“有余殃”的意思是会招致灾祸并祸及后代。比如：向“不善”而行的不良家风很容易导致子孙染上恶习，做出错误的行为，从而影响个人的前途和家族的声誉；家族若因违法违规而受到法律制裁，必定会给后代带来负面影响，如名誉受损等。这句话表面上谈的是“善”，实际上谈的是“德”，这是告诫人们，要重视自身和整个家族成员的品德修养，多做善事，为家族积累福报，那样家族才能长久繁荣。而如果家族中有人行为不端，最终必定会给家族带来灾难，由此警示人们要秉持善良和正义，为自己和后代创造良好的生活环境和发展基础。

明代大儒方孝孺在《柱铭》中写道：“交善人者道德成，存善心者家里宁，为善事者子孙兴。”与善良、品德高尚的人交往，自己也会受到良好的影响，在道德修养上有所成就。因为善良的人往往具有正直、宽容、诚信等优秀品质，与他们相处，会在潜移默化中受到熏陶，促使自己也养成良好的道德观念，提升自己的道德修养。心中存有善良的念头和意愿的人，家庭往往会安宁和睦。一个人有善心，就会对家人充满关爱、理解和包容，能够以温和、友善的态度对待家人，在家庭中营造出温馨、和谐的氛围，减少家庭矛盾和冲突，使家庭关系更加融洽。经常做善事的人，他的子孙后代往往会事业兴旺发达。

国学经典《格言联璧·悖凶类》中有云：“行善如春园之草，不见其长，日有所增；行恶如磨刀之石，不见其损，日有所损。”一个人坚持做好事，他的人生就像春天花园里的青草，虽然我们肉眼看不到它快速生长的情形，但事实上它每天都在不断地生长。行善也许在短期内看不到明显的回报或效果，但长远来看，它会对个人的品德修养、人际关系及未来发展等方面产生积极的影响，在不知不觉中给人的各方面带来益处。一个人总是做坏事，他的人生就如同用来磨刀的石头，表面上看不出有什么损耗，但实际上每天都会变薄。行恶短期内可能不会造成严重后果，但它会一直不断地侵蚀人的品德、声誉，使人的未来变得越来越糟。

中国还有句俗语：“福地福人居，福人居福地。”人若想得福报、居福地、享其福，关键在于积善。而积善的本质，正是“道德传家”的生动实践。“天道无亲，常与善人”，上天是公正无私、不偏不倚的，它总是眷顾那些行善事、做好人的有德之人，给其以福佑。这里说的“福佑”，并不是虚无缥缈的概念，而是指善良行为引发的积极回响。当我们秉持着善良的本心，去帮助他人、关爱社会时，将能收获内心的宁静与满足，以及他人的尊重与信任，而这些正是让我们感受到幸福的重要因素。

行善的方式多种多样，且“善”无大小之分。一个善意的微笑、一句温暖的问候也是善行，虽看似微不足道，却可能给困境中的人以一缕曙光，点燃他们心中的希望之火。不过，在现代语境下，最能够直观体现“行善”的，自然就是做慈善了。

中国的慈善思想源远流长，并与“德”紧密相关。“故人不独亲其亲，不独子其子。使老有所终，壮有所用，幼有所长，矜、寡、孤、独、废疾者皆有所养”，这是儒家倡导的“仁爱”思想，它将“善”与“德”的关系从家庭伦理领域延伸到社会关怀领域，营造出一种“善乃博爱”的道德境界。“先王有不忍人之心，斯有不忍人之政矣……恻隐之心，仁之端也”，孟子认为，人天生具有恻隐之心，这既是“善”的开端，也是“德”的萌芽，将“善”与“德”上升到了政治治理的高度。“有力者疾以助人，有财者勉以分人，有道者劝以教人。若此，则饥者得食，寒者得衣，乱者得治”，墨子的这一观点则强调了不同能力的人应各尽所能，践行善举，共同构建和谐有序的社会，可以说是指向了“善”与“德”的具体实践路径。

在此，我们不妨回顾一下中国古代慈善事业的发展历程：

春秋战国时期，儒家的“仁爱”思想开始流传，受此影响，一些社会上层人士开始把关爱的眼光投向社会底层人民，尝试为一些特定对象提供帮助，行慈善之事。此时，行善的主体大多是个人，他们以赈济为手段，在路上设食物供给点救济饥民。这种对陌生人的救助属于个人的临时行为，并非有组织的行动，也未能形成一种社会长效机制。魏晋南北朝时期，佛教盛行，基于对佛教的共同信仰，一些民众集结起来，形成了一种特殊的社会组织——社邑。社邑的成员在僧人的指导下，共同从事佛教活动，如写经、刻经、诵经、开石窟、造佛像和修佛塔等活动，同时也从事修桥铺路、济贫赈灾等慈善事业。在南朝萧梁时期，出现了中国历史上已知最早的官方慈善机构——孤独园。隋唐时期，国力强盛，社会慈善活动也随之迅猛发展。到宋代，义庄出现，这是中国慈善事业发展史上具有里程碑意义的事件。

义庄是一种以家族为基础的公益事业，最早由北宋名臣范仲淹于皇祐元年（1049 年）在家乡苏州吴县创立。范氏义庄的主要功能包括：为族中贫困者提供长期救济，为本族子弟的教育提供资助（设义学），为因天灾、疾病、婚丧等特殊事件而遇到困难的族人提供临时救助。范仲淹还制定了

《义庄规矩》，对义田的管理、救助标准等作出了详细规定。范氏义庄创立后，因成效显著，逐渐被各地的士绅家族效仿，至南宋时已相当普遍。义庄的兴起不仅体现了宋代宗族观念的强化，也实践了儒家“老吾老以及人之老，幼吾幼以及人之幼”的伦理思想，成为宋代士大夫“修身齐家”理念的重要实践形式。

唐太宗贞观二年（628 年），政府层面的义仓制度形成。据《通典》卷十二记载，到唐玄宗天宝八年（749 年），全国义仓的储粮达到六千三百七十余万石，约占当时全国粮食储备总量的 40%。在唐朝，佛教寺院也开始系统性地开展慈善活动。据《唐会要》卷四十九记载，长安年间（701—704 年），一个名为“悲田养病坊”的机构正式设立，该机构由寺院负责管理，设有固定场所和专门人员，主要开展医疗救助、收容贫病等慈善活动。这种由寺院运营的慈善机构虽属民间组织，但需要接受官府监管。

明清时期，出现了以政府为主体兴办的慈善救济机构“养济院”。在明代，养济院的制度相对完备，运行情况尚佳，但到了清代，因财政压力和管理不善，养济院的运行效率变得低下，甚至滋生了严重的腐败问题。明神宗万历十八年（1590年），杨东明在河南虞城创立了新型慈善组织同善会，这种新型的慈善组织采用会员制，定期募捐，设有明确的章程和救助标准。到清代，以善会、善堂为主体，辅以会馆（救助同乡）、义庄（救助族人）等的多元化民间慈善体系形成。这些组织多采取“官督民办”或“官助民办”的运作模式，与官方保持密切联系。可以说，明清时期，特别是清代中后期，中国的传统慈善事业在组织化、制度化和覆盖面等方面达到了新的高度，为近代慈善事业的转型奠定了基础。

中国古代慈善事业的发展历程，每一个阶段都闪耀着“善”与“德”的光辉。其间举办的各种大大小小的慈善活动，无论是官方组织还是民间自发，无论是为救助贫困还是为兴办教育，都是人们在践行“善”与“德”的道路上留下的坚实足迹。

在这段历史过程中，涌现出无数令人敬仰的慈善人物：范蠡三致千金又三散其财，以实际行动诠释了“富而好德”的高尚品质；樊重焚毁借债文契，慷慨解囊，尽显仁慈与宽厚；闫庆胤在荒年拿出自家粟米赈恤贫穷，展现出为官者的担当与善良；公孙景茂用薪俸为士兵求医熬药，体现了医者仁心与道德情怀……

我们康家能够兴盛四百余年，富裕十三代，持续行善是一个重要原因。无论是修建堤坝治理黄河，还是赈灾设立粥棚、救济乡里，每逢国家遇到危难，康家人总会挺身而出。康家十四代先祖康应魁在其七十五岁寿诞时，一把火烧掉乡亲们打下的欠条和相关账本，这一善举不仅体现了康家的慷慨与善良，更赢得了百姓的敬重与爱戴。康家先祖们的善德之举，不仅为康家积累了良好的声誉，也为家族的长久繁荣奠定了坚实的基础。

向善与树德，是我们中国人血液中天然存在的精神基因。在当今时代，我们更应深刻领悟“善”与“德”之间的紧密关系，明白它们不仅关乎个人的修养与幸福，更关系到家族的兴衰、社会的和谐。要将行善作为一种生活方式，将立德作为人生追求，共同去创造一个更加美好的世界。

2. 才高非智，智者弗显也。位尊实危，智者不就也。大智知止，小智惟谋，智有穷而道无尽哉。

译文

才华出众者，未必就是智慧超群的人。真正有智慧的人，不会刻意显露自己的才华。地位尊崇看似风光，实则处处暗藏危险，有智慧的人，不会贪恋权力和地位。拥有大智慧的人，懂得适可而止的道理，而那些耍小聪明的人，只会整日挖空心思谋划，其实，智谋终有穷尽之时，而天道却是无穷无尽的。

“才高非智，智者弗显也”，其中蕴含的道理是：聪明的人，懂得守拙藏锋。

不可否认，才华是一个人身上最引人注目的东西。那些才华出众的人，总是能在某个领域取得令人瞩目的成就，在某个舞台上散发出夺目的光彩，赢得掌声与赞誉。但是，我们必须清醒地认识到，才华并不等同于智慧。智慧，是一种更为深邃、更为全面的素养，它包括智力、才能，还包括对世界的洞察能力、对人性的理解能力、对自我的认知能力以及对行为的把控能力。真正有智慧的人，都深谙藏锋守拙之道，他们不会像孔雀开屏般到处炫耀自己的才华。他们明白，在这纷繁复杂的世界里，“木秀于林，风必摧之；堆出于岸，流必湍之；行高于人，众必非之”，过度显露才华，可能会招来他人的嫉妒、猜忌与打压，为自己的前行之路埋下隐患。《菜根谭》有言，“聪明不露，才华不逞”者，才有“肩鸿任钜”的力量。真正有智慧的人，一定懂得只在适当的时候展现才华，日常以谦逊之姿与人相处，那样既能避免不必要的纷争，又能积蓄力量，等来实现最大价值的机会。

“位尊实危，智者不就也”，这是告诫我们，不要去追逐权力和地位，其背后是隐藏着大风险的，淡泊名利才是聪明人的选择。

在许多人眼中，地位尊贵是成功与荣耀的象征，坐上权力与地位的宝座，仿佛就能拥有掌控一切的力量，享受无尽的尊崇待遇。然而，表象之下，却隐藏着巨大的危机。位高权重者是众人关注的焦点，也是各种利益博弈的核心，他们时刻要面对权力的诱惑、责任的重压、阴谋的算计以及舆论的审视，稍有不慎，便可能陷入漩涡，身败名裂，甚至失去自由与生命。历朝历代的王侯将相，堪作反面教材的人可说是数不胜数。有智慧的人则深知“位尊实危”的道理，或“不立危墙之下”，或及时抽身而去。

“大智知止，小智惟谋，智有穷而道无尽哉”，讲的是人的格局。

拥有大智慧的人，懂得适可而止，而与之形成鲜明对比的是，那些只有小智慧的人，总是绞尽脑汁运用计谋和策略，试图达到某些目的。

“知止”并不是消极、停滞不前，而是对欲望和行为进行理性控制。在追求目标的道路上，人们很容易因欲望驱使，陷入盲目的追逐之中。然而，人的欲望是无穷无尽的，如果不加以节制，追逐的行动就会像脱缰的野马，失去控制，最终导致身心疲惫、迷失自我。“大智”者能够洞察事物的本质，不被眼前的短暂利益所迷惑。他们明白，人生的意义不在于拥有多少，而在于珍惜当下所拥有的一切。当达到一定目标后，他们便会止住脚步，停下来享受生活的美好，感受内心的宁静与满足。比如春秋时期的范蠡，他帮助越王勾践复国，功成名就之后却突然隐退，这是为何？是因为他深知“飞鸟尽，良弓藏；狡兔死，走狗烹”的道理。在远离权力的纷争之后，范蠡泛舟五湖，经商致富，最终成为一代商圣，实现了人生的华丽转身。

“惟谋”是那些仅有小聪明的人干的事，他们有点聪明不假，但缺乏格局，没有长远的眼光。在短期内，那一点小聪明可能会令他们取得一些成果，但从长远来看，狭隘的视野和自私的行为必定会让他们陷入困境。“小智”者使用谋略，往往只是为了满足自己的私欲，而不顾及他人的利益和社会的整体发展。他们在与人交往中，常常耍小聪明，算计他人，没考虑过这么做最终会导致失去他人的信任和支持。比如三国时期的杨修，他自恃聪明，多次揣测曹操的心思，并在众人面前炫耀，虽然展现出了一定的聪明才智，却因不识大体，不懂收敛，最终触怒曹操，被曹操所杀。杨修的悲剧之所以会发生，正是因为杨修只会耍小聪明，没有从大局和长远的角度来思考问题。

如果人懂得“智有穷而道无尽哉”的道理，人生的格局便会打开，知道应该敬畏什么、追寻什么。“智有穷”，意思是人类的智慧终究是有限的。宇宙广袤无垠，世界复杂多变，知识无穷无尽，无论我们如何努力学习，如何不断探索，都不可能完全掌握所有的知识和技能。然而，“道”却是无尽的。“道”，可以理解为宇宙万物运行的规律，是一种不以人类意志为转移的存在。它蕴含天地间的至理，支配世间万物的生灭变化。我们应该敬畏“道”，努力去探寻和领悟“道”的真谛。在这个过程中，我们要保持谦虚的态度，不断学习，不断反思，不断提升自己的认知水平和道德修养。只有这样，我们才能在有限的人生中，尽可能地接近“道”，遵循“道”的指引，作出正确的选择，实现自己的人生价值。

历史和现实生活中的很多事例都印证了上面所说的道理。

战国时期的赵括，自幼熟读兵书，谈起兵法来头头是道，可谓才高八斗。然而，他却只会纸上谈兵，缺乏实际的作战经验和准确判断战场形势的能力。在长平之战中，他盲目自信，贸然出击，最终被秦国名将白起击败，导致赵国四十万大军全军覆没，赵国元气大伤。赵括失败的原因，就在于他空有才华，却缺乏智慧，不懂得根据实际情况灵活运用知识，也没有意识到战争的复杂性和残酷性。

在现实生活中，我们也常常能看到一些喜欢耍小聪明、走捷径的人，他们或许能在一时之间获得一些小利益，但最终还是“聪明反被聪明误”。比如：有些企业和商家为了追求短期的经济利益，不惜破坏环境、欺骗消费者，虽然在短期内赚取了丰厚的利润，但后来声誉尽失，无法继续发展下去；有些人在工作中为了争夺功劳，不惜诋毁同事、弄虚作假，虽然一时之间得到了领导的赏识，但却败了人品，失去了同事的信任和支持，最终“失道寡助”，事业进阶之路举步维艰。

那么，我们如何才能避免成为“聪明反被聪明误”的人呢？

其一，要保持谦虚。我们要时刻认识到自己的知识和能力是有限的，无论取得多大的成就，都不能骄傲自满，而是要保持谦虚的态度，不断学习、不断进步、不断完善自己。同时，我们要避免过度自信，要能客观地评估自己的决策和行动。在做任何事情之前，都要充分考虑各种因素，多听取他人的意见和建议，不盲目相信自己一定是正确的。

其二，要学会换位思考，多考虑他人的感受。在与他人交往的过程中，不能只从自己的角度出发考虑事情，而是要设身处地地为他人着想，理解他人的立场和需求。只有这样，我们才能建立良好的人际关系，赢得他人的尊重和信任。

其三，坚守诚信和道德底线。在这个充满诱惑的世界里，我们要时刻保持头脑的清醒，不被利益所迷惑，不耍小聪明去欺骗他人。只有以诚信待人、做事，我们才能赢得他人的信任和支持，为自己的发展创造良好的环境。

其四，不断学习和成长，提升自己的智慧。我们要保持对知识的渴望和对世界的好奇心，不断拓宽自己的视野，提升自己的认知水平。只有这样，我们才能跟上时代的步伐，更好地应对各种挑战和机遇。

其五，在面对困难或者机遇时，我们要保持理性和冷静，不被情绪左右。尤其是在遇到困难时，要用理性思维去分析问题，寻找最佳的解决方案，避免因冲动而作出错误的选择。

其六，要培养同理心，对他人多一些理解和关怀。关心他人的疾苦，尽力帮助那些需要帮助的人，不做伤害他人利益的事情。同时，要学会倾听他人的意见和经验，丰富自己的认知，不可闭目塞听。

其七，要有长远的眼光，注重细节和长远规划。在追求目标的过程中，既要关注眼前的细节，又要从宏观角度思考问题，制定长远的发展规划。只有这样，我们才能避免因短视而犯下不可挽回的错误，实现自己的人生目标。

3. 谋人者成于智，亦丧于智也。谋身者恃其智，亦舍其智也。智有所缺，深存其敌，慎之少祸焉。

译文

算计他人的人，或许会因智慧而成功，但最终也会因智慧而失败。谋划保全自身的人，既要依赖智慧，也要懂得舍弃智慧。再有智慧的谋略也会有不足之处，藏在暗处的敌手也可能将其攻破，唯有谨慎行事，才能减少祸患。

成败只在一念之间，“谋人者”若不懂智慧乃是双刃剑，便容易“丧于智”。在历史上，这样的人并不少见，西汉时期的晁错，便是典型的代表人物。

晁错（前200年—前154年），西汉初期著名的政治家、文学家。他出生于颍川（今河南禹州），自幼聪慧过人，精通儒家经典，尤其擅长《尚书》。他早年师从张恢学习法家思想，后来又研习儒家学说，形成了自己独特的治国理念。汉文帝时期，晁错因才学出众被任命为太常掌故，负责文献整理和礼仪事务，逐渐进入政治核心圈。晁错的政治才能很快得到汉文帝的赏识。他多次上书提出治国方略，主张加强中央集权，削弱诸侯王的势力。他的《论贵粟疏》《言兵事疏》等奏疏，系统地提出了发展农业、充实国库、加强边防的建议，展现了他卓越的政治眼光。汉景帝即位后，晁错被任命为御史大夫（相当于副丞相），成为朝廷重臣。他继续推行削藩政策，主张削弱诸侯王的权力，以巩固中央集权。他的改革措施包括削藩（削减诸侯王的封地，限制其权力）、重农抑商（鼓励农业生产，抑制商业过度发展）、加强边防（建议移民实边，增强北方防御力量）等，这些政策在当时具有深远的意义，但也触动了诸侯们的利益，尤其是强大的吴王刘濞。晁错的削藩政策激化了中央与诸侯王之间的矛盾。公元前154年，吴王刘濞联合楚、赵等六国，以“诛晁错，清君侧”为名，发动了“七国之乱”。叛军声势浩大，直逼长安，汉景帝一时陷入被动。在内外压力下，汉景帝听信了袁盎等人的建议，决定牺牲晁错以平息叛乱。晁错被以“大逆不道”的罪名腰斩于东市，全家也被处死。

这位为汉朝中央集权鞠躬尽瘁的政治家，最终成为牺牲品。晁错“开挂”的一生和悲惨的结局，深刻地诠释了什么叫“谋人者成于智，亦丧于智”。

“谋身者”应明白智慧既是前行的助力，也是需要适时放下的包袱，“恃智”与“舍智”，进退之间皆是学问。三国时期的祢衡，恃才傲物，自恃其智，最终却落得个悲惨的结局，堪称“谋身者”的反面教材。

祢衡才华横溢，在文学和辩才方面都有着极高的造诣。他凭借着自己的聪明才智，在当时的文人圈子里崭露头角。然而，祢衡却将自己的智慧变成了傲慢的资本，他目空一切，对他人不屑一顾。在与曹操、刘表等权贵交往时，祢衡屡屡出言不逊，丝毫不懂得收敛自己的锋芒。他认为自己的聪明才智足以让他在这个世界上畅行无阻，却不知这样的恃智行为已经让他四面树敌。最终，祢衡被黄祖所杀，时年仅二十六岁。祢衡的悲剧告诉我们，若一味地仰仗自己的智慧肆意行事，自负而不自知，就可能会在人生的道路上遇到阻碍，甚至付出生命的代价。

与祢衡相反，唐朝名将郭子仪深谙“谋身者恃其智，亦舍其智”的精髓。他一生历经玄宗、肃宗、代宗、德宗四朝，在安史之乱爆发后，凭借卓越的军事才能和领导智慧，率军平定叛乱，挽救了摇摇欲坠的唐朝江山，立下不世之功。然而，郭子仪的高明之处不仅在于他善于运用智慧，更在于他懂得在适当的时候掩住智慧闪出的锋芒。手握重兵、功高震主，郭子仪深知自己已然身处权力漩涡的中心，面对朝廷的猜忌和同僚的嫉妒，他选择以谦逊、低调的姿态示人。他待人宽厚，处事圆融，甚至敞开家门，任人随意进出，以此表明自己毫无防备之心，彻底打消了朝廷对他的疑虑。正是这种既能凭借智慧建功立业，又能在关键时刻以退为进的处世哲学，使郭子仪在复杂的政治环境中游刃有余，最终安享晚年，成为一代名将的典范。

每个人的智慧都有其局限性，而这种局限性往往会成为敌人攻击的突破口。因此，为人处世需时刻保持审慎，以免招致祸患。战国时期的庞涓，便是因未能认识到自身智慧的缺陷而酿成悲剧的典型例子。

庞涓与孙膑曾为同窗，二人皆才华横溢，精通兵法。然而，庞涓心胸狭隘，嫉妒孙膑的才能，设计陷害孙膑，使其遭受膑刑。庞涓自以为凭借自己的智谋可以稳操胜券，却未意识到自己的智慧存在严重缺陷——他过于自负，只看到眼前的利益，却忽视了孙膑的深谋远虑和坚韧不拔。在桂陵之战和马陵之战中，孙膑巧妙利用庞涓的弱点，设下圈套，两次大败庞涓。最终，庞涓在马陵之战中兵败自杀。庞涓的失败，正是因为他未能认清自身智慧的不足，也未能对潜在的敌人保持足够的警惕，最终陷入万劫不复的境地。

在现代社会，因智慧缺陷而导致失败的案例同样屡见不鲜。例如，一些投资者在进行金融决策时，只关注市场的表面现象，凭借有限的知识和经验盲目行动，忽视了市场背后复杂的经济规律和潜在风险，一旦市场波动，便会因没有能力应对而损失惨重。

那么，如何才能避免因智慧存在缺陷而发生灾祸呢？答案是认清自身的局限，保持谦逊与警惕。首先，我们要保持谦虚的态度，认识到自己的智慧是有限的，并不断学习，提升自我。正如孔子所言："三人行，必有我师焉。择其善者而从之，其不善者而改之。"只有保持谦逊好学的心态，才能不断弥补自身智慧的不足。其次，我们要学会倾听他人的意见和建议。他人的视角和经验往往能为我们提供新的思路，帮助我们发现自己未曾注意到的盲点。最后，我们要时刻保持警惕，对潜在的风险和对手保持敏锐的洞察力。在面对复杂局面时，需深思熟虑，谨慎行事，才能最大限度地降低灾祸发生的概率。

智慧是人类最为宝贵的财富之一，它既承载着我们追求成功与幸福的希望，也潜藏着导致失败与灾祸的风险，正确认识和运用智慧是人生永恒的课题。在追求成功的道路上，我们要善于运用智慧去谋划、拼搏，但同时也要时刻保持头脑的清醒，警惕智慧可能带来的负面影响。在“谋人”时，要深思熟虑、权衡利弊，避免因过度追求目标而忽视了潜在的危机；在“谋身”时，要懂得进退有度，不恃才自傲，更不可过于自负；深刻认识到智慧和人一样，“人无完人，智无完智”，慎言笃行，不断学习，不断完善自己，最大限度地提高抵御各类风险的能力。

在人生旅程中，我们要以智慧为帆，以谨慎为桨，如此方能在波涛汹涌的生活海洋中乘风破浪，驶向成功与幸福的彼岸。也只有这样，我们才能在复杂多变的世界中立足，实现自己的人生价值，书写属于自己的精彩篇章。

4. 智不及而谋大者毁，智无竭而谋远者逆。智者言智，愚者言愚，以愚饰智，以智止智，智也。

译文

智慧不足却谋划大事，必然招致失败；智谋不知节制却追求长远，往往会事与愿违。智者说的话充满智慧，愚者说的话充满愚拙；用愚拙来掩饰智慧，用智慧来终止智谋，这才是真正的智慧。

“智不及而谋大者毁”，深刻地揭示了若理想与能力不匹配，必将导致悲惨结局的道理。东晋时期庾亮的故事，便是这一论断的生动注脚。庾亮出身名门，家族自东汉末年便开始兴盛，凭借家世背景以及机缘际遇，在东晋的政治舞台上有了一席之地，也算得上是位高权重，然而，他的政治生涯却因自身智慧不足以支撑其野心而波折不断，最终以悲剧收场。

在晋元帝时期，皇族与士族激烈博弈，庾亮选择了低调行事，不选边站队，这显然是缺乏政治洞察力与应对能力的表现。晋明帝即位后，庾亮虽被委以重任，做起事来却是一副“墙头草”的做派，在面对关键抉择时总是犹豫不决，甚至要借算命来决定立场，尽显其智慧的局限性。在平定王敦之乱的过程中，庾亮虽立下了战功，但他之所以取胜，更多的是时运际会，而非有谋略。

晋明帝病重即将去世之际，庾亮的鲁莽行为更是将东晋王朝推向深渊。他怀疑宗室和外戚联合谋反，便不顾礼仪和规则，强行冲过宿卫禁兵向明帝进谏。这一举动不仅破坏了政治平衡，还引发了苏峻之乱，导致建康城被攻破，他的妹妹庾文君自杀，东晋陷入动荡。此后，庾亮在与陶侃合作剿灭郭默时，又因刚愎自用，导致陶侃不满。他一生追求权力与功业，却因智慧不足，无法准确判断局势、作出正确决策，最终在悔恨中离世，成为政治人物的反面教材。

在现实生活中，许多人和庾亮一样，怀揣宏大梦想，渴望成就非凡事业，却忽视了自身能力与智慧的局限性。例如，一些创业者在没有充分了解市场、缺乏商业经验和战略眼光的情况下，盲目投入大量资金，开展大规模业务。他们凭借运气取得了短期的成功，但最终还是因无法应对市场变化而陷入经营困境，不仅血本无归，还背负了巨额债务。

这些事例警示我们，在追求梦想的道路上，必须对自身的智慧和能力有清醒的认识，脚踏实地，逐步积累，量力而行，才能避免因“智不及”而失败。

“智无竭而谋远者逆”，揭示了过度谋划、脱离实际的危害。隋炀帝杨广便是这一道理的典型例证——他胸怀宏图伟略，致力于建立千秋功业，但其谋划虽远，却因脱离现实而最终导致国家覆灭。

杨广在位期间，大规模营建东都洛阳、开凿大运河，并频繁发动对外战争。这些举措从长远来看，或许对国家发展有积极意义，但他未能充分考虑当时的社会现实和百姓的承受能力。在营建洛阳时，他征调大量民夫，耗费巨大的财力物力，导致百姓负担沉重，生活困苦。开凿大运河虽加强了南北经济交流，但在短时间内过度征用民力的行为进一步加剧了社会矛盾。此外，他三次发动对高句丽的战争，不仅未能取得预期胜利，反而消耗了大量人力物力，使国力日渐衰弱。

杨广有宏大的愿景，但他在实施愿景的过程中未能把握分寸，也未根据现实情况调整策略。他的过度谋划和急功近利使得民不聊生，社会矛盾激化，最终引发大规模的农民起义，隋朝也走向了灭亡。

在现代社会，类似的情况也屡见不鲜。一些企业管理者在制定战略时，过于追求长远目标和宏大愿景，却忽视了当下的市场环境、企业实力和员工的实际情况。他们盲目投入大量资源进行扩张和创新，却未能有效应对资金链断裂、市场需求变化等风险。例如，中国曾涌现出一大批共享单车企业，它们在资本推动下迅速扩张规模，大量投放单车，却未能建立起可持续的盈利模式和科学的运营管理体系，随着市场竞争加剧和资金链断裂，许多企业最终倒闭。

很显然，无论是古代的帝王还是现代的企业管理者，过度谋划而脱离现实，都终将失败。唯有在远大目标与现实条件之间找到平衡，才能避免“智无竭而谋远者逆”的情况。

“智者言智，愚者言愚”，这一对比揭示了智者与愚者在言行上的本质区别。

智者能够以平和、理性的态度看待世界，他们的言辞中蕴含着深刻的道理，闪烁着智慧的光芒。苏格拉底，这位古希腊伟大的哲学家，便是智者的典范。他一生追求真理，善于通过对话和提问引导人们思考。他曾说："我唯一知道的就是我一无所知。"这句话看似谦逊，实则蕴含着对知识和智慧的深刻理解。苏格拉底从不炫耀自己的学识，而是通过与他人的交流，启发人们探索内心的智慧。他的言行展现了智者应有的谦逊与深邃。

相反，愚者往往被表象所迷惑，发表肤浅、短视的言论，甚至因愚蠢的言辞而酿成大祸。例如，北宋时期的宰相王钦若，在国家面对辽国威胁时，不仅没有提出切实可行的应对策略，反而在朝堂上大谈"天命论"，声称只要皇帝虔诚祈祷，辽国自然会退兵。这种荒谬的言论不仅暴露了他的无知，还误导了朝廷的决策，导致北宋在对外政策上陷入被动，最终签订了屈辱的"澶渊之盟"。王钦若的愚蠢言论，正是"愚者言愚"的典型体现，他的短视和无知给国家带来了深重的灾难。

"以愚饰智，以智止智"是更高层次的智慧。

"以愚饰智"，是用"愚笨"的表象来掩饰自己的智慧。三国时期的司马懿便是深谙此道的代表人物。在曹操和曹丕父子统治时期，他始终表现得低调谦逊，甚至有些木讷。他深知曹操生性多疑，因此从不轻易展露自己的才华和野心，而是默默积蓄力量，等待时机。最终，在曹魏政权逐渐衰落时，司马懿发动高平陵之变，掌握了政权，为西晋的建立奠定了基础。司马懿并不蠢，相反，他是个绝顶聪明的人，他的“以愚饰智”是一种生存策略，更是对人性和政治局势有深刻洞察的体现。

与“以愚饰智”同样高明的，是“以智止智”。这是一种能够适时停止智谋的运用，避免招致反噬的智慧。西汉初年的张良，便是“以智止智”的典范。作为刘邦的重要谋士，张良凭借卓越的智慧，屡次在关键时刻为刘邦出谋划策，帮助其击败项羽，建立汉朝。然而，在功成名就之后，张良并未贪恋权位，而是选择急流勇退，称病隐退，远离朝堂纷争。和范蠡一样，张良深知“鸟尽弓藏”的道理，明白在当时的环境下继续发挥自己的聪明才智只会引来猜忌和祸患。正是这种“以智止智”的智慧，使张良得以保全自身，最终安享晚年，成为历史上少有的功成身退的智者。

张良的故事告诉我们，真正的智慧不仅在于运用智谋，更在于懂得何时停止。过度依赖智谋，往往会陷入算计的泥潭，甚至招致反噬。唯有在适当的时候收敛锋芒，停止智谋的运用，才能避免因“智极而伤”的悲剧。这种“以智止智”的智慧，与“以愚饰智”相辅相成，共同构成了更高层次的处世哲学。

无论是司马懿的“以愚饰智”，还是张良的“以智止智”，都展现了智慧的多面性与深刻性。它们提醒我们，真正的智慧不仅在于展现才华，更在于懂得何时隐藏锋芒，何时停止运用智谋，也唯有如此，才能在复杂的环境中游刃有余，成就圆满人生。

实际上，《止学》中的“智”，兼有“智慧”和“谋略”两层含义。在当下这个充满变化和挑战的时代，智慧和谋略是我们前行的重要支撑——智慧是我们前行的灯塔，能够为我们指引方向；谋略则是我们手中的利器，能够帮助我们在竞争中脱颖而出。然而，我们必须明白，两者并非孤立存在，而是相互关联、相互制约的。

在追求智慧的道路上，我们要保持谦虚的态度，不断学习新知识，拓宽自己的视野。孔子说：“学而不思则罔，思而不学则殆。”我们要将学习和思考相结合，不断提升自己的认知水平。同时，我们也要注重实践，将所学的知识运用到实际生活中，不断积累经验。只有不断地学习和实践，我们才能真正提升自己的智慧。

在运用谋略时，我们要遵循道德和法律的准则，不能为了达到目的而不择手段。一个有道德底线的谋略家，才能够赢得他人的尊重和信任，才能够在社会上立足。同时，我们也要懂得灵活应变，根据不同的情况调整自己的谋略，以适应时代的发展和变化。

古今中外无数的著名人物为我们留下了宝贵的经验和教训。我们要从他们的故事中汲取智慧的力量，同时结合自身的实际情况，找到适合自己的发展道路。无论是在个人生活中还是在社会事务中，智与谋的平衡都将发挥至关重要的作用，我们一定要牢记“智不及而谋大者毁，智无竭而谋远者逆”的道理，不断提升自己的智慧和谋略水平，该“饰智”时装糊涂，该“止智”时果断停下，在人生的道路上稳健前行。

用势卷第二

1. 势无常也，仁者勿恃。势伏凶也，智者不矜。

译文

势力不会永恒存在，仁德的人不要依赖它；势力中暗藏凶险，智慧的人不会夸耀自己拥有它。

“势无常也，仁者勿恃。势伏凶也，智者不矜。”这句话告诫我们不要过分依赖势力，也不要因拥有势力而骄傲自满。因为势力中往往暗藏凶险，唯有仁德与智慧之人，才能在变幻莫测的局势中立于不败之地。

历史上，无数例子印证了这一道理。秦始皇便是一个典型的反面教材。他统一六国后，自以为拥有无上的权力，可以统治天下至千秋万代。然而，他倚仗权势，实行严刑峻法，横征暴敛，导致民不聊生。最终，陈胜、吴广揭竿而起，农民起义席卷全国，秦朝二世而亡。秦始皇虽然拥有强大的势力，但他缺乏仁德之心，未能体恤百姓疾苦，更未意识到势力中潜藏的凶险，他的失败，正是“势无常也，仁者勿恃”的生动写照。

与秦始皇形成鲜明对比的，是三国时期的诸葛亮。他辅佐刘备建立蜀汉政权，成为一位权倾朝野的人物。然而，诸葛亮并未因拥有势力而骄傲自满，反而始终保持着清醒的头脑和谦逊的态度。他深知“势伏凶也”的道理，因此在治理国家时，注重以德服人，提倡节俭，反对奢侈浪费。他不仅以智慧治国，更以仁德赢得民心。即便在刘备去世后，他依然鞠躬尽瘁，死而后已，为蜀汉政权的稳定和发展作出了巨大贡献。诸葛亮的故事，正是“智者不矜”的完美诠释。

在现代社会，在商业和职场中，这一道理同样适用。例如，一些企业的高管在带领企业取得阶段性成功后，开始独断专行，忽视团队意见，甚至滥用职权打压异己。他们自以为可以永远掌控局面，却未意识到权力中潜藏的危险。最终，团队士气低落，企业陷入内耗，甚至引发严重的经营危机。他们的失败，就是对“势伏凶也”的验证。相反，那些成功的企业家，总是对手中的权力心存敬畏，他们不仅注重合理利用权力，更时刻警惕权力可能带来的危险。他们通过建立透明的决策机制、倾听团队意见、推行扁平化管理来避免权力过度集中带来的经营风险，从而在复杂的职场环境中立于不败之地。这种对“势”的清醒认识，正是“智者不矜”的体现。

无论是个人还是组织，都应谨慎对待“势”，不可“恃势而骄”，更不可“矜势而傲”。

那么，如何才能避免“恃势而骄”和“矜势而傲”呢？关键在于保持清醒的头脑和谦逊的态度。

一是要认清势力的无常性。无论个人还是组织，都应时刻提醒自己，势力并非永恒存在的，今天成功并不代表明天也能成功，唯有不断学习、适应变化，才能在竞争中立于不败之地。

二是要以仁德为本。势力的运用应以道德为准则，不可为了一己之私而损害他人利益。仁德不仅是个人修养的体现，也是长久发展的基石。

三是要以智慧为器。智慧不仅体现在如何获取势力，更体现在如何运用势力。智者懂得在适当的时候收敛锋芒，避免因过度张扬而招致敌意。

四是要保持警惕与自省。势力中往往暗藏凶险，唯有时刻保持警惕，才能防患于未然。因此，要定期自省，检视自己的言行，避免因骄傲自满而迷失方向。

2. 势莫加君子，德休与小人。君子势不于力也，力尽而势亡焉。小人势不惠人也，趋之必祸焉。

译文

不要用权势去压制君子，也不要用恩德去对待小人。君子的影响力并非来自强权，而是源于品德与智慧，他们明白，若依赖外在力量，当力量耗尽时，其影响力也会消失。小人的权势不会惠及他人，盲目追随他们，必然会招来灾祸。

“势莫加君子”，这是对权势使用的理性劝诫。权势，常被视作掌控他人的有力工具，可面对君子时，它却会显得无力且苍白。君子立身于世，以道德为基石，以智慧为指引，心中秉持着坚定的正义与操守。他们的精神世界独立而强大，不会因权势的威压而屈服。妄图用权势压制君子，不仅是对君子人格的亵渎，更是对正义与良知的挑战。君子的价值，并非源于权势，而是源于他们对道德准则的坚守，对真理的不懈追求。

东汉末年的杨震，为官清廉，刚正不阿，被世人尊称为“关西孔子”。当时的权贵王密，曾受杨震举荐为官。某天夜里，王密怀揣十斤黄金，悄悄来到杨震住处，想要报答他的知遇之恩，还说道：“夜幕降临，无人知晓，恩师尽可收下。”杨震却一脸严肃，言辞坚决地回绝：“天知，神知，我知，子知。何谓无知?”王密羞愧离去。后来，王密攀附权贵、结党营私，他企图利用自己的权势逼迫杨震同流合污，向杨震暗示，若不合作，仕途将会受到阻碍。但杨震坚守道德底线，即便可能遭到打压，也绝不妥协。他屡次上书揭露王密等人的不法行为，全然不顾自身可能遭受报复。虽然杨震最终因得罪权贵而蒙冤自尽，但他的高风亮节却被后人铭记，成为君子坚守正义、不屈服于权势的典范。

“德休与小人”，则是对施恩行为的审慎提醒。小人的内心被私欲填满，他们行事不择手段，只图自身利益最大化。对于这样的人，给予其恩德属于浪费善良与真诚。小人是不懂得感恩的，他们只会将他人的善意当作可利用的资源，会为满足一己之私而肆意践踏他人之恩。把恩德倾注在小人身上，不但无法唤醒他们的良知，反而可能助长其恶行，给自己和他人带来无尽的麻烦。

三国时期的吕布，本是董卓的义子，董卓对他信任有加，不仅赐予他赤兔马等奇珍异宝，还委以重任。然而吕布却为了貂蝉，在王允的挑拨下，毫不犹豫地杀了董卓。之后，吕布又反复无常，先后背叛刘备等收留他的人，全然不顾他人对他的恩情，被讽为“三姓家奴”。他的自私自利和背信弃义，最终让他众叛亲离，落得被曹操缢杀于白门楼的悲惨下场，而那些曾对他施以援手的人，也因他遭受诸多祸事。

“君子势不于力也，力尽而势亡焉”，说的是君子明白依赖外力构建的影响力是脆弱的，一旦力量衰竭，影响力便会瞬间化为乌有，唯有以品德服人、以智慧启迪人，才能赢得他人发自内心的敬重与追随，影响力才能历久弥坚。

孔子一生周游列国，四处碰壁，却从未想过借助任何权势去强迫他人接受自己的学说。他弟子三千，追随者无数，这种影响力源于他对人性、道德和社会的深刻洞察，源于他的品德、智慧和思想。他的儒家思想就是一种“势”，这种

“势”超越了时代的局限，跨越千年时空之后，依然深深影响着现代人。

“小人势不惠人也，趋之必祸焉”，这是告诉我们要明辨是非，择善而从。小人追逐权势的目的是满足私欲，攀附这种人是不会有好果子吃的。

秦朝的赵高，权倾一时，他凭借手中的权势，肆意打压异己，指鹿为马，陷害忠良，将朝堂搅得乌烟瘴气。他的权势并未给百姓带来丝毫福祉，反而加剧了社会的动荡与混乱。跟随他的人：或为虎作伥，最终沦为历史的罪人；或被其利用，成为权力斗争的牺牲品。

在职场上，我们也不难遇到这样一些人：趋炎附势，对上级阿谀奉承，对下属严苛无情，处处钩心斗角，一旦得势便肆意妄为。盲目追随这样的人，无疑是将自己置身于危险的边缘，随时可能被卷入无尽的纷争与灾祸之中。

在复杂的人际交往中，学会分辨君子与小人至关重要。在言行举止上：君子言行一致，言出必行，他们的话语如同契约般可靠；小人则往往言行不一，出尔反尔，为达目的不择手段。在品德和行为上：君子心怀仁爱，尊重他人，乐于助人，在他人遇到危难时总是愿意伸出援手；小人则自私自利，行为不端，只在乎自己的利益，甚至不惜伤害他人来确保自己得利。在人际关系方面：君子善于倾听，尊重他人意见，身边汇聚着志同道合的朋友；小人喜欢挑拨离间，搬弄是非，身边多是为了利益而暂时勾结的人。在与他人交往时，不能盯着对方的权势和财富，而是要深入了解其品德和为人。当发现身边的人有小人行径时，要与其保持距离，避免受到不良影响。

不过在现实中，君子与小人并非泾渭分明，大多数人处于两者之间的灰色地带，我们自己大概率也是如此。因此，我们每个人都需要不断反思自己的行为和思想，努力向君子的标准靠拢。我们要时刻审视自己的言行，做到诚实守信、关爱他人，在面对利益诱惑时坚守道德底线，不做违背良心的事。

我们要努力成为君子，不断提升自己的道德修养和文化素质；要有仁爱之心，关注他人的需求，积极帮助那些需要帮助的人；要树立正义之感，敢于与不良行为作斗争，维护社会的公平与正义，为社会的和谐与发展贡献自己的力量。

3. 众成其势，一人堪毁。强者凌弱，人怨乃弃。势极无让者疑，位尊弗恭者忌。

译文

众人合力才能形成势力，但毁掉它，往往只需一人。强者欺凌弱者，必会激起众怒，最终被众人抛弃。势力达到顶峰却不肯退让，让人猜疑；地位尊贵却不懂谦恭，必遭忌恨。

“众成其势，一人堪毁”，意思是汇聚众人之力才成就的强大之势，很可能会因为一个人而毁掉。

三国时期，在诸葛亮的苦心经营下，文臣武将团结一心，蜀汉呈现出一派兴旺的景象。诸葛亮以其卓越的智慧和领导才能，联吴抗曹，稳定了蜀汉局势，为实现兴复汉室的目标奠定了坚实的基础。然而，在诸葛亮病逝后，蜀汉后主刘禅宠信宦官黄皓。黄皓弄权专政，打压朝中正直之士，扰乱朝纲，使得蜀汉内部矛盾重重，原本众志成城的蜀汉各方势力逐渐分崩离析。最终，面对曹魏的进攻，蜀汉无力抵挡，走向灭亡。黄皓这一个人的行径，就像一颗毒瘤，侵蚀了整个蜀汉的根基，导致蜀汉多年积累而成的强大势力土崩瓦解。

这警示我们，在团队或组织中，每一个个体都肩负着重要责任，任何一个人的错误决策或背叛行为，都可能引发连锁反应，给团队或组织带来灾难性的后果。

“强者凌弱，人怨乃弃”呈现的是一种因果关系——强者凌弱是一种违背天理人情的行为，其结果必然是招致众人的怨恨和唾弃。

历史上，商纣王拥有强大的军事力量，但他对外肆意欺凌小国，对内疯狂压榨百姓。他横征暴敛，修建奢华的宫殿，搜刮大量民脂民膏；他施行严刑峻法，搞得民不聊生。商纣王的种种暴行引发了商朝民众的强烈不满和怨恨，百姓们对他的统治充满了恐惧和愤怒。最终，周武王顺应民心，率领诸侯联军讨伐商纣王。在牧野之战中，商朝的军队纷纷倒戈，商纣王众叛亲离，最终自焚而亡。

真正的强者，是懂得运用自己的力量去保护和帮助弱小的人。

春秋时期的齐国，在管仲的辅佐下逐渐强大起来。管仲深知强盛的国力不应成为齐国欺凌他国的资本，于是他推行“尊王攘夷”的政策，联合其他诸侯国，共同抵御北方少数民族的入侵，为弱小国家提供安全保护。齐国在帮助其他国家的过程中，赢得了各国的尊重和信任，齐桓公的威望也由此日益提高，成为春秋时期的霸主。这种“以仁为基”的强大，不仅使齐国的势力得以稳固，还在历史上留下了美名。

在现代社会，也有一些奉行“以仁为基”理念的大型企业，它们发挥自身的技术、资金和市场优势，积极扶持中小企业，开展合作共赢，不仅提升了自身的社会形象，还促进了整个行业的健康发展。

强者只有心怀仁爱，以帮助和保护弱者为己任，才能赢得人心，使自己的势力长久稳固，否则，便会“势极无让者疑，位尊弗恭者忌”。

过于强大且不知收敛的势力，往往被视为威胁，这种于他人而言的威胁可能转化为敌意与对抗，引发矛盾与冲突。

清朝的鳌拜，就是“势极无让者疑”的典型。鳌拜出身将门，精通骑射，自青年时代起就随皇太极四处征战，为清朝入关、统一中原立下了赫赫战功。他在战场上勇猛无畏，身先士卒，曾在皮岛之战、松锦之战等关键战役中立下大功，深受皇太极的赏识与重用。顺治帝驾崩后，康熙帝年幼即位，鳌拜作为辅政大臣开始掌权。起初，他采取了一些有利的举措，稳定了清初局势。但随着权势渐盛，他私欲膨胀，结党营私，打压异己。比如，他与苏克萨哈产生矛盾，便罗织罪名处死其全家，无视朝廷律法。朝堂之上，鳌拜也是愈发骄横，常与康熙帝争执，甚至呵斥大臣，全然不顾皇帝权威。他不可一世且毫无收敛之意，这令康熙帝深感不安，朝中大臣心里也是疑虑重重。在众人眼中，鳌拜已严重威胁到皇权。最终，康熙帝设计将鳌拜擒获并囚禁，最终死在了禁所里。

在现代商业领域，我们也经常能看到一些企业被发起“反垄断”调查的新闻，这也是“势极无让者疑”的体现。

与鳌拜同处清朝的年羹尧，则是“位尊弗恭者忌”的鲜明例证。

年羹尧凭借卓越的军事才能，在康熙、雍正两朝备受重用。在西北战事中，他运筹帷幄，屡建奇功，被雍正帝视为股肱之臣，获封一等公，权势滔天，位极人臣。手握重权后，年羹尧却逐渐迷失自我，丝毫没有了往日的谦逊。他每次出巡，地方官员都要跪地相迎，甚至王公贵族见他也要行跪拜大礼；在朝中，他任用官员不奏请皇帝，形成自己的势力集团，全然无视君臣之礼。年羹尧的傲慢与专权，引来众人的忌恨。王公大臣们对他充满怨气，雍正帝也渐渐对他心生不满，觉得自己的权威受到严重挑战。最终，雍正帝给他罗列了九十二条大罪，将他赐死。年羹尧身处尊位却不懂谦恭，招来了众怒与君忌，亲手将自己推向了覆灭的深渊。

在现代职场，类似的事情并不少见。

林某任职于一家颇具规模的互联网企业，凭借在产品研发领域的出色表现，一路晋升，手握重要项目决策权，管理着数百人的团队，在公司内地位尊崇。手握大权之后，林某的行事风格逐渐变得专横起来。每次团队讨论会议，他都听不进下属的意见，只要有人提出与他相悖的想法，就会被当场严厉斥责，久而久之，团队成员都不敢再发表真实看法。在跨部门合作中，他也十分傲慢，对其他部门的需求和困难置若罔闻，强行要求对方配合自己的工作节奏，全然不顾团队协作原则。林某的态度和做法让下属心生不满，工作积极性大受打击，其他部门的同事对他也多有怨言。上级领导逐渐察觉到公司内部对林某存在抵制情绪，开始对他的管理能力产生怀疑。最终，在一次重要项目失败后，公司高层决定免去林某的职务。

“众成其势，一人堪毁。强者凌弱，人怨乃弃。势极无让者疑，位尊弗恭者忌。”这句话的现实意义在于提醒我们，必须注重团队合作，尊重他人，保持谦逊与恭敬，唯有如此，才能在人生的道路上走得更远、更稳，实现自己的价值与目标。

4. 势或失之，名或谤之，少怨者再得也。势固灭之，人固死之，无骄者惠嗣焉。

译文

势力可能会失去，名声可能会被诽谤，但少发怨言的人有可能重新获得一切。势力终将消亡，人也终将死去，唯有不骄纵的人，才能惠及子孙后代。

“势或失之，名或谤之，少怨者再得也”，这句话直白地道出了人生中权势和名誉的无常，也提醒我们，要拥有豁达坚韧的心态。面对失去，既要接受现实，也要相信可以通过努力重新获得；面对诽谤，要坚守内心，相信终会有真相大白的一天。

人生在世，得失在所难免。任何人都可能会失去曾经拥有的权势、地位和财富，面对失去，不同的人有不同的反应，那些有豁达心态、性格坚韧的人很少会抱怨，他们愿意接受现实，并相信凭借自身的努力和智慧，未来仍有机会重新拥有。他们不会因一时失意就自怨自艾，而是会积极寻找新机遇，重塑人生。

春秋末年，吴越争霸，结果越国战败，越王勾践沦为阶下囚，不但国家没了，尊严和自由也没了，曾经的权势化为乌有，处境一落千丈。但勾践没有绝望，也没有抱怨，他深知抱怨改变不了现状，只有忍辱负重、奋发图强，才有复国的希望。于是，他卧薪尝胆，每天用艰苦的生活磨砺自己的意志，同时暗中积蓄力量，等待时机。在漫长的蛰伏岁月里，勾践从未抱怨命运不公，只是默默承受着一切苦难。终于，机会来了，勾践以“三千越甲”一举击败吴国，实现复国，再次登上权力巅峰，夺回了失去的一切。

任何人都可能因他人的误解、嫉妒或恶意而名誉受损，当名誉受到诋毁时，只有保持冷静和理智，坚守信念，用实际行动证明自己，方能“守得云开见月明”。

狄仁杰是唐代的名臣，他一生宦海浮沉，多次遭受诬陷。武周时期，酷吏来俊臣为了打击异己，诬陷狄仁杰谋反，并将他打入大牢。面对莫须有的罪名和残酷的刑罚，狄仁杰并未惊慌失措，也没有抱怨命运的不公。他深知，此时争辩只会招来更残酷的迫害，于是他决定先假意认罪，再寻找洗去罪名的时机。在狱中，狄仁杰暗中写下申诉状，藏在棉衣中，托家人带出。申诉状被交到了武则天手上，武则天意识到狄仁杰可能被冤枉，于是亲自召见他询问情况。最终真相大白，狄仁杰洗清冤屈，恢复名誉。此后，他凭借卓越的智慧和高尚的品德，成为武则天最为倚重的大臣。

“势固灭之，人固死之，无骄者惠嗣焉”，这句话蕴含深刻哲理，它指出了权势、生命与品德的关系，强调了谦逊、不骄纵的重要性。

“势固灭之”，说的是权势短暂无常。无论一个人权势有多大，都只是一时的。历代帝王将相的结局都是对此的生动注解。比如秦始皇统一六国，建立秦朝，本以为皇权可传至万世，没想到秦朝仅历经二世即亡。还有法国的拿破仑，凭借军事才能建立了强大的法兰西第一帝国，称霸欧洲，但也不过存在了短短十几年，拿破仑惨败滑铁卢之后被流放，曾经的权势化为乌有。这些例子都表明，权势不可长久依赖，更不能因权势而骄傲自满。

“人固死之”，生命有限，无论多富有、多有权势，都逃不过死亡的结局。秦始皇为求长生不老，耗费大量人力物力炼丹，派徐福出海寻找仙药，最终还是难逃一死。现代医学和科技如此发达，也无法令人永生。生命的有限性提醒我们，要珍惜时间，善用有限的生命去创造价值，而不是沉迷于对权势与物质的追逐。生命的价值不在于长短，而在于如何使用。

“无骄者患嗣焉”，指出了谦逊与不骄纵乃是人智慧。权势与生命的短暂、有限、无常的特性使得骄纵与傲慢成为影响后人的“危险品”。那些处在权势巅峰时仍能保持谦逊的人，往往能够赢得他人的尊重与支持，甚至惠及后人。此外，这句话还指出了品德具有长久价值。权势与生命都是短暂的，而品德却能跨越时间，对家庭、社会乃至历史都会产生深远的影响。

人生难免有起起伏伏，无论遇到怎样的困难与挑战，我们的内心始终都要保持从容与淡定，相信自己有能力克服一切，创造美好的未来。在现实生活里，我们可能在职场上遭遇挫折，在人际关系中受到伤害，在追求梦想的道路上遇到阻碍，但我们不能因此抱怨命运不公或自暴自弃，而是应学会从这些经历中吸取教训，调整心态，以积极乐观的态度面对未来。我们要坚信，人生的价值不在于权势与名誉，而在于内心的善良与勇气。当我们以平常心对待得失，以敬畏心对待生命时，才能真正领悟人生的真谛，在纷繁复杂的世界中找到属于自己的宁静与幸福。同时，我们也要教育下一代树立正确的价值观与人生观，让他们明白，成功不仅包括物质的积累与地位的提升，还包括内心的满足与成长。我们要鼓励他们在面对困难与挫折时保持坚强与勇敢，培养他们的宽容与善良，让他们成为有担当、有责任感的人。

在这漫长而充满变数的人生之旅中，愿我们都能成为那个少怨、坚韧、平和、善良的人，用行动与品德书写属于自己的人生之书。

利卷第三

1. 惑人者无逾利也。利无求弗获，德无施不积。

译文

最能迷惑人心的，莫过于利益。利益如果不主动追求，就无法获得；道德如果不主动践行，就无法积累。

“惑人者无逾利也”与“利无求弗获，德无施不积”，这两句话深刻揭示了利益与道德在人生中的复杂关系，提醒我们，在追求利益的时候，也不要忽视道德的积累。

利益的表现形式多种多样，它可能是物质财富、社会地位，也可能是名誉声望。利益对每个人都有极大的诱惑力，它能轻易蛊惑人心，让人在追逐利益的过程中迷失方向，甚至坠入深渊，这就是“惑人者无逾利也”给我们的警示。

不过，获取利益并非易事。“利无求弗获”，这是告诉我们，必须通过努力追求、拼搏奋斗才能得到利益。结合前面的“惑人者无逾利也”和后面的“德无施不积”，我们不难领悟到“利无求弗获”字面意思之外的潜台词：追求利益绝不能盲目，更不能不择手段，而是要平衡好利益与道德的关系。

美国企业家霍华德·舒尔茨就是这方面的典范。霍华德·舒尔茨是星巴克的前首席执行官和董事会主席，他在执掌星巴克时期，始终将道德和社会责任放在重要位置。他不仅关注企业的利润增长，更注重员工福利、公平贸易和社区支持。例如：他为全职和兼职员工提供医疗保险、股票期权和学费资助，确保员工感受到尊重与关怀；推动星巴克通过公平贸易采购咖啡豆，以令咖啡种植者的生计得以持续；制定严格的环保政策，如减少提供一次性杯子、推广使用可回收材料等，减轻企业经营对环境的负面影响。此外，舒尔茨还通过“全球青年就业计划”和社区支持活动积极回馈社会。舒尔茨曾说：“利润并不是我们存在的理由，而是我们存在的结果。我们存在的理由是为员工、顾客和社会创造价值。”他的故事生动地展示了如何在追求商业成功的同时，坚守道德底线，实现利益与道德的平衡。

“德无施不积”则是告诉我们，道德的积累要靠我们在日常生活中不断践行。道德是一种内在的精神力量，它为我们的行为举止提供规范，让我们懂得如何与他人和谐相处，如何关爱他人，如何为社会贡献自己的力量。一个有道德的人，无论何时何地，都会坚守自己的原则和底线，不会轻易被利益所诱惑。他们懂得尊重他人的权利和尊严，懂得感恩并回报社会。

雷锋是中国家喻户晓的道德楷模，他的一生就是“德无施不积”的生动体现。他常年坚持帮助老人、照顾孩子、捐款给有需要的人，也乐意向陌生人伸出援手。这些行为看似微不足道，但无一不是无私奉献的具体体现，是对道德的践行。雷锋在日记中写道：“人的生命是有限的，可是为人民服务是无限的。”雷锋身上巨大的道德力量，影响了一代又一代人。

在现实生活中，利益与道德常常会产生冲突，向人性发起挑战。我们时常会面临这样艰难的抉择：是为了利益而放弃道德，还是坚守道德而舍弃利益？这是一个棘手的问题，但也是我们必须直面的问题。真正伟大的人，往往能够在利益与道德之间作出正确的选择——以道德为基石，追求合理合法的利益，绝不会为了利益而突破道德底线。

河盲症（盘尾丝虫病）是一种由寄生虫引起的疾病，这种疾病曾在非洲、拉丁美洲和也门等地区广泛流行，导致许多人皮肤严重瘙痒、视力受损甚至失明。20 世纪 80 年代，默克公司研发出了伊维菌素，这种药物对治疗河盲症非常有效。然而，河盲症主要影响的是贫困地区的居民，他们无力支付高昂的药费。对于默克公司来说，如果按照市场价格销售伊维菌素，就可以获得巨额利润。但面对这一情况，默克公司的首席执行官罗伊·瓦格洛斯作出了一个决定：免费向需要伊维菌素的国家提供这种药物，直到河盲症被彻底消灭。这一决定意味着默克公司将放弃巨大的潜在利润，同时承担药物生产和分发的巨额成本。瓦格洛斯在回忆起这件事时向记者表示：“我们是一家以拯救生命为使命的公司，而不是一家以赚钱为唯一目标的公司。”“伊维菌素捐赠计划”持续了数十年，累计帮助数亿人摆脱了河盲症的威胁。默克公司的这一举动不仅拯救了无数生命，也在全球范围内赢得了尊重与赞誉。尽管默克公司在这一项目中投入了大量资源，但它的道德行为也为企业带来了长远的回报。默克的品牌形象得到了极大提升，消费者对企业的信任度显著增加。更重要的是，默克公司的这一行为为整个制药行业树立了道德标杆，激励更多企业关注社会责任。

在当今的社会，道德的重要性更应得到重视。随着经济的快速发展和社会的不断进步，人们的物质生活水平大幅提高，但道德缺失的现象依然时常显现：一些人为了获取个人利益，不惜损害他人利益和社会公共利益；一些企业为了追求超额利润，忽视环境保护和社会责任。这些现象的存在警示我们，道德建设依然任重道远。

我们每个人都应从自己做起，树立正确的价值观和道德观，在追求利益的同时，也要时刻牢记道德的约束。我们要学会在利益与道德之间找到平衡点，使自己的行为既符合道德规范，又有助于实现人生价值，只有这样，我们才能成为真正有意义、有价值的人。我们要正确认识利益与道德之间的关系，在追求利益的过程中坚守道德底线，在践行道德的同时追求合理利益。只有这样，我们才能在复杂多变的世界中保持清醒，共同构建和谐美好的社会。

2. 众逐利而富寡，贤让功而名高。利大伤身，利小惠人，择之宜慎也。天贵于时，人贵于明，动之有戒也。

译文

追逐利益的人很多，但是真正能富贵的却很少；贤明的人把功劳让给别人，反而能获得更高的名望。过大的利益容易伤身，小小的利益反而能使人得到实惠，因此选择的时候要谨慎。上天最宝贵的是有时令规律，人最宝贵的是有明智的头脑，行动的时候要有戒惧之心。

任何时代、任何社会，都有许多人追逐金钱、地位、名誉等“富贵”的外在标志，以期实现个人的“成功”。然而，现实却是残酷的，真正能够在激烈的竞争中脱颖而出、实现富贵的人并不多。其中的原因，既有客观条件的限制，如资源有限、机会不均等，也有主观因素的影响，如个人才能、机遇把握、心态调整等。

以股市为例，每当牛市来临，众多投资者蜂拥而入，都希望能在股市中分得一杯羹。然而，“股市有风险，投资须谨慎”，许多人只看到股市上涨时的疯狂，却忽视了市场下跌时的残酷。结果，不少人因为盲目跟风、追高杀跌，最终不仅未能实现财富增值，反而损失惨重。这就是“众逐利而富寡”的生动写照。

再观商界，创业者如过江之鲫，但真正能够成功的却凤毛麟角。创业不仅需要资金、技术、市场等硬性条件，更需要创业者具备敏锐的市场洞察力、坚韧不拔的毅力、团队协作的精神等软实力。那些只看重眼前利益，缺乏长远规划和核心竞争力的创业者，往往难以在激烈的市场竞争中立足。

与那些追逐名利的人相比，贤者往往只注重内心的修养和品德的提升。他们不慕虚名，不争功利，甚至在关键时刻愿意把功劳让给别人。这种无私的精神和高尚的品格，使他们赢得了广泛的尊重和赞誉，从而拥有更高的名望。

历史上不乏这样的例子。春秋时期的鲍叔牙就是一位典型的贤者。他深知自己的才能不如管仲，于是主动向齐桓公推荐管仲为相。在管仲的辅佐下，齐国迅速崛起，成为春秋五霸之一。而鲍叔牙却因为自己的谦让和无私，赢得了“天下不多管仲之贤而多鲍叔能知人也”的美誉。

当然了，贤者不一定是名声在外的人，他们也可能默默无闻。有很多普普通通的劳动者，他们在自己的岗位上默默奉献，用实际行动诠释了什么是责任和担当；他们不计较个人得失，不追求名利地位，只希望能够为社会作出一点贡献。他们没有显赫的名声和地位，但他们的精神却值得敬仰和学习，毫无疑问也可归入贤者之列。

“利大伤身，利小惠人，择之宜慎也”，这句话是警示我们，利益是一把双刃剑，需要慎重对待。

在商业领域，我们可以看到，一些企业为了追求高额利润，不惜采取不正当手段，如虚假宣传、价格欺诈、偷排污水等。这些行为虽然可能在短期内为企业带来巨大收益，但长远来看，却会损害企业的声誉和形象，甚至可能导致企业破产。相反，那些不屑于此，而是注重社会责任和可持续发展的企业，虽然可能短期内经营利润不高，却能够赢得消费者的信任和支持，从而实现长远发展。在个人生活中，我们也可以看到类似的现象。有些人为了升职加薪，长时间工作、熬夜加班、四处应酬喝酒，结果身体垮了、家庭散了，而那些把健康和家庭放在第一位的人并不会这么做，他们的物质生活可能不如前者丰富，但生活品质要高于前者。

过大的利益往往伴随着巨大的风险和代价，一旦处理不当，就可能伤到自己；小小的利益看似微不足道，却能在关键时刻给人带来实惠和帮助。因此，在选择利益时，我们应该谨慎考虑其可能带来的后果和影响。

“天贵于时，人贵于明，动之有戒也”，其中的“时”，指的是时令规律，也指时势、时间。

世间万物，包括社会环境，变化是有规律的，每个人都应该有明智的头脑，在采取任何行动之前，都要充分了解时势和环境的变化，审时度势，作出正确的选择和判断；而且，在行动过程中，要头脑清醒、心态冷静，随时根据变化调整自己的策略和计划。

例如，在商业竞争中，企业家要时刻关注市场动态和消费者需求的变化，及时调整自己的产品策略和市场营销方案，同时，还要具备敏锐的风险意识和应对能力，以便在危机来临时能够迅速作出反应，化解风险。在生活中同样如此，我们需要根据自己的实际情况和目标来制定合理的生活计划和职业规划；在遇到困难和挑战时，我们要保持冷静，积极寻找解决问题的方法和途径。

不过，明智的头脑并不是天生的，我们需要通过不断学习和实践来培养和锻炼自己的头脑。我们应该保持对新知识、新技能的学习热情，不断拓宽自己的视野和知识面，同时也要积极参与社会实践，锻炼自己的行动能力和团队协作能力。

需要注意的是，在行动之前和行动过程中，我们都应该保持戒惧之心。保持戒惧之心，就是要保持警惕和审慎。这是因为，无论我们多么谨慎和聪明，都无法完全预测和掌控未来的事态。

总而言之，我们应该少些“逐利”之心，多些“让功”之德，心存敬畏，行事谨慎，不冒进、不逾规矩，认真对待自己的每一个选择和决定，充分考虑其可能带来的后果和影响。除此之外，我们还需要时刻关注自己的身体健康和心理健康状况，及时调整自己的生活方式和心态。

3. 众见其利者，非利也。众见其害者，或利也。君子重义轻利，小人嗜利远信，利御小人而莫御君子矣。

译文

大家都能看见的利益，就不是真正的利益了。大家都觉得有害的东西，有可能是利益。君子会重视道义而轻视利益，小人会贪恋利益而不讲信用，利益能驱使小人却不能驱使君子。

“众见其利者，非利也。众见其害者，或利也”，这是告诉我们，看待事物不能从众，因为大众很容易被肉眼可见的利益所迷惑，忽略了其背后隐藏的弊端，而他们认为有害的事物，其实能带来长远的利益。

利益是行为的重要驱动力，但我们必须清醒地认识到，那些能够被众人一眼看到并趋之若鹜的利益，往往并非真正的利益。从心理学角度来看，人们普遍存在从众心理，当多数人都认为某种行为能带来利益时，其他人便会不假思索地跟风，这种盲目从众的行为具有很大的风险。在经济领域，这种从众的危害性体现得尤为明显。我们经常能看到，当某一领域显然有利可图时，便会有大量的资源迅速涌入，导致市场竞争异常激烈，甚至引发恶性竞争，这不仅会使个体获取利益的难度加大，还可能引发市场的失衡与混乱。企业扎堆进入热门行业，最终因行业产能过剩被迫倒闭的事例，可谓屡见不鲜。

以哲学的辩证思维来看，事物都是具有两面性的，表面上的利益可能会在短期内带来某一方面的满足，但从长远来看，却是有负面效应的。例如：过度追求物质财富，可能会导致精神世界空虚；为了眼前的经济利益破坏生态环境，最终会被环境反噬。

相反地，我们可以留意那些被大众视为有害的事物，其背后可能潜藏着真正的利益。

回想一下，是不是每一次重大的科技突破的出现，都伴随着争议与质疑？以互联网为例，在其诞生之初，人们对这种新兴事物的担忧超过了期待，担心它会导致信息泄露、人际关系淡漠等问题，然而，时间证明，互联网不仅极大地便利了人们的生活，还催生了众多新兴产业，创造了巨大的经济价值与社会价值。还有新能源汽车，也是一样。

在社会变革的进程中，我们也能看到类似的情况。一些改革举措在推行初期触动了许多人的既得利益，引发了强烈的反对与抵触，但最终结果表明，这些改革是推动社会进步的关键之举。例如，我国历次的土地改革、教育改革等，在实施过程中遭遇了诸多困难，但事实证明，正是这些改革为我国社会的发展进步奠定了坚实的基础。

所以，当我们面对“唾手可得”的利益时，务必保持理性与冷静，深入分析其潜在影响，以免得不偿失；当我们面对看似对自己毫无益处的新事物时，不能仅凭一时的主观感受就判定其无用甚至有损于己，而是应该用发展的眼光去分析研究，看看其是否具有长远价值。

“君子重义轻利，小人嗜利远信”，体现了君子与小人在对待利益和道义上的不同态度。君子将道义置于首位，在面对利益诱惑时，会坚守道义，不会为了利益而牺牲自己的原则，而小人则一心追逐利益，为了获取利益不惜做出背信弃义之事。

“义”在儒家思想体系中是一种高尚的道德准则，“重义轻利”是中国传统文化推崇的重要价值观之一，它深深扎根于中华民族的精神土壤之中。重义、守义是对社会公序良俗的维护，是对他人和社会的责任与担当。

君子在面对利益与道义“二选一”的抉择时，会毫不犹豫地选择道义，这种选择并非出于一时的冲动，而是源于他们内心深处对道德规范的敬畏与坚守。他们相信，个人的利益是短暂的，而道义的价值是永恒的。从社会层面来看，君子“重义轻利”的行为，能够起到良好的示范作用，引领社会风气向善。当越来越多的人以君子为榜样，将道义放在首位，乐于助人、诚实守信、无私奉献时，社会将变得更加和谐、有序。

小人“嗜利远信”，这种行为的根源在于他们狭隘的自我中心主义和短视的思维方式。从个人层面看，行“嗜利远信”之举会遭人唾弃；从社会影响来看，如小人般“嗜利远信”的行为会破坏社会的信任基础，阻碍社会的发展。在商业领域，企业为了追求利润开展不正当竞争，会破坏市场秩序；在政治领域，官员为了权力和利益拉帮结派，会损害政府的公信力。这些都会严重影响社会的稳定。

“利御小人而莫御君子矣”，强调了利益对不同人的影响——小人由于极度追求利益，所以很容易被利益所驱使，为了获得利益可以不择手段，而君子注重内心的道德修养，有着坚定的信念和价值观，不会轻易被利益左右。

利益能够驱使小人，却无法动摇君子的信念，这是因为君子与小人心中有着截然不同的价值体系。小人将利益视为人生的唯一追求，他们的行为完全受利益驱使；而君子则以道义为人生准则，利益对他们来说只是人生的附属品，而非追求的目标。

身处充满诱惑的社会，利益与道义的抉择时刻考验着我们。我们要传承和弘扬君子“重义轻利”的精神，摒弃小人“嗜利远信”的行为，以君子为榜样，坚守道义，不为利益所惑。

4. 利无尽处，命有尽时，不怠可焉。利无独据，运有兴衰，存畏警焉。

译文

利益是无穷无尽的，但人的生命长度却是有尽头的，不懈怠就好。利益不能一个人独占，运势有好有坏，要有敬畏和警觉之心。

“利无尽处，命有尽时”，说的是欲望与生命之间存在矛盾。

欲望具有无限性，人类对利益的追求是永无止境的。无论是对于财富、权力还是名誉，人们总是渴望拥有更多。这种欲望的无限性，往往导致人们陷入永无止境的追逐中，忽视了生命的有限性。欲望的无限性不仅体现在物质层面，也体现在精神层面。人们追求知识、追求成就、追求自我实现，这些追求本身并无过错，但若不加节制，同样会成为心灵的枷锁。

欲望的无限性源于人类的本能。获取资源一直都是人类生存和繁衍的需要，但是，在现代社会，这种本能被过度放大了，导致人们陷入无尽的焦虑中，很多人总是想要更多，却很少停下来思考自己的追求是否真正带来了幸福和满足。

但生命具有有限性，无论我们如何努力，都无法改变“命有尽时”这一事实。在有限的生命中，我们应当珍惜时间，追求真正有价值的东西，而不是被无尽的欲望所奴役。生命的有限性提醒我们，时间是宝贵的资源，一旦失去便无法挽回。生命的有限性也让我们意识到，人生的意义不在于积累多少财富或成就，而在于如何度过这段有限的时光。我们应当思考什么才是真正重要的，什么才能让我们在走到生命的尽头时感到无悔一生。

“不怠可焉”是追求利益的尺度，也是一种面对“欲望无限与生命有限”这一矛盾积极且理性的应对策略。“不怠”绝非盲目、无节制地追逐利益，而是在深刻认识生命本质的基础上，保持一种积极进取的精神状态。在有限的生命旅程中，我们应当合理规划对利益的追求，将个人的目标与生命的意义相结合。

“利无独据”深刻地指出，在社会生活的复杂网络中，利益并非某个人或某个群体所能够独占。例如自然资源（如土地、矿产等）和社会财富（如经济资源、文化成果等），都具有一定的公共属性，当社会成员能够共同分享它们所带来的利益时，社会才能实现和谐与稳定。

“运有兴衰”表明，个体或群体的命运并非一成不变的，而是如同大海中的波涛，有起有伏。命运的兴衰受到多种因素的影响，包括个人的努力、社会环境的变化、历史发展的趋势等。

从社会学角度来看，利益的共享与命运的兴衰之间存在着紧密的内在联系。当社会中的利益分配相对公平，各阶层能够共享发展成果时，社会往往处于繁荣稳定的状态，个体的命运也更容易朝着积极的方向发展。相反，当利益被少数人独占，贫富差距过大，社会矛盾就会逐渐激化，整个社会的发展将受到阻碍，个体的命运也会受到负面影响。例如：在经济领域，当企业之间能够公平竞争，共享市场资源，实现互利共赢时，整个行业将呈现出繁荣发展的态势，企业和员工的命运也将得到改善；而如果企业为了追求自身利益的最大化，采取不正当手段排挤竞争对手，独占市场份额，最终将破坏市场秩序，导致行业整体衰退，企业自身的命运也将陷入困境。

面对利益的不可独占性和命运的兴衰无常，我们要“存畏警焉”，即要心怀敬畏与警惕。

敬畏，是对自然规律、社会规则以及他人权益的尊重。自然规律是宇宙运行的基本法则，人类的活动必须遵循这些规律，否则将受到自然的惩罚；社会规则是维护社会秩序的基石，它规范着人们的行为，保障着社会的公平正义；尊重他人权益是构建和谐人际关系的基础，只有每个人都能尊重他人权益，社会才能实现和谐与进步。

警惕，是对命运变化的警惕。命运的兴衰往往是多种因素相互作用的结果，其中有些因素是我们可以预见和控制的，有些因素则是难以预测的。我们应当提高忧患意识，提前做好应对各种变化的准备。在个人层面，我们要不断提升自己的能力和素质，增强应对风险的能力；在社会层面，政府和社会组织应当制定合理的政策，建立健全各种风险防范机制，以应对可能出现的各种危机。

在人生的道路上，我们要深刻认识利益与生命、利益与命运的关系，在有限的生命里，以积极进取的态度追求合理的利益，同时尊重他人和社会的利益，敬畏自然和社会的规律，警惕命运的变化。只有这样，我们才能保持头脑的清醒，作出正确的选择，实现个人价值与社会价值的统一。深入理解和践行“利无尽处，命有尽时，不怠可焉。利无独据，运有兴衰，存畏警焉”所蕴含的哲理，对于个人的成长、企业的发展以及社会的和谐进步都具有极其重要的现实意义。

辯卷第四

1. 物朴乃存，器工招损。言拙意隐，辞尽锋出。

译文

看似朴实无华的事物才能保存长久，器具经过精美雕琢反而更容易招致损伤。笨拙的语言能掩盖真实的意图，话说得过于详尽直白，锋芒就会尽显，容易招来麻烦。

“物朴乃存，器工招损。言拙意隐，辞尽锋出”，倡导的是一种朴素、含蓄的处世哲学。它提醒我们，无论是做人还是做事，都应保持简单、自然的状态，避免过度修饰或锋芒毕露，因为朴素的事物更容易长久，含蓄的表达更能保护自己。这种思想在中国传统文化中具有重要地位，体现了道家“无为而治”和儒家“中庸之道”的智慧。

“物朴乃存”，蕴含着回归本真的生存智慧——质朴的事物往往基于简单的原理，以简单的结构存在，这使得它们具有更强的适应性。

在自然世界里，那些“质朴”的生物往往更具生命力和稳定性。细菌是一种结构极为简单的生物，它们以简单的单细胞结构存在，通过简单的分裂方式就能快速繁衍后代。这种简单的结构和生存原理让细菌具有极强的适应性，它们可以在各种极端环境中生存，如高温的温泉、高盐的盐湖、寒冷的极地等。而生理结构复杂的大型生物就脆弱得多，例如大熊猫。大熊猫主要以竹子为食，其消化系统结构复杂且特化，当外界环境发生变化，比如当竹子因气候变化或人类活动减少时，大熊猫复杂的消化系统很难在短时间内适应新的食物来源，就很容易陷入生存危机。

从哲学角度来看，质朴是一种对本质的坚守，是对事物内在价值的尊重。这种对本质的尊崇，使得质朴的事物能在时间的长河中经受住考验，保持其存在的价值。

中国传统竹编工艺历经数千年的传承，至今依然焕发着独特的生命力。工匠们仅凭双手和简单的竹条，便能编织出竹篮、竹篓等器具。这些竹编制品没有繁复的结构设计，也没有华丽的色彩装饰，只有竹子天然的韧性和实用、质朴的形状，它们被广泛应用于日常生活和农业劳作中，无论是盛放物品还是辅助农事，都十分好用。竹编工艺之所以能够代代相传，正是因为其始终坚守着“实用”的本质。工匠们尊重竹子这一天然材料的特性，充分发挥其柔韧、耐用的优点，同时以手工技艺赋予其独特的使用价值。这种对材料本质的尊重和对实用功能的追求，使得竹编工艺经受住了时间的考验，流传至今。

“器工招损”，则指出过度雕琢会带来潜在的危机。过度雕琢意味着在事物的外在形式上投入过多的精力和资源，而忽视了其内在的本质和实用性。

从经济学角度来看，过度追求精巧会导致成本大幅增加，包括材料成本、制作成本以及时间成本等。而这些额外的成本并不一定能带来相应的价值提升，甚至可能因为过度关注外在形式而削弱了事物的核心功能，从而埋下隐患。

在建筑领域，我们能看到很多这方面的例子。一些建筑设计师在设计建筑时，追求独特的外观和视觉冲击力，采用复杂的设计，使用昂贵的材料，却忽视了建筑的结构安全和使用功能。例如，某些地标性建筑造型奇特、施工难度大、成本高昂，虽然它们在建成后确实吸引眼球，起到了一定的“地方名片”的作用，但带来了实用性低、维护成本高昂等问题，成为城市的负担。

从稳定性和可靠性方面来考量，复杂精巧的事物通常具有更多的组成部分和相互关联的环节，这使得其在使用过程中更容易出现故障和问题，因为任何一个环节的细微失误都可能引发连锁反应，导致整体崩溃。

在科技产品领域，一些电子产品制造商追求产品的多功能，为此把产品的结构弄得极其复杂，结果功能是多了，但产品的使用难度提高了，稳定性和可靠性降低了，使用体验十分差。还有一些系统软件，虽功能强大，但操作界面不简洁，形形色色的菜单令人眼花缭乱，让用户感到困惑和不便，这种软件很容易被竞争者取代。

“言拙意隐”，是一种处世哲学。

在人际交往和思想表达中，表意含蓄的言辞看似笨拙，实则有着独特的优势。含蓄地表达是对他人的一种尊重，也是一种策略，给对方留出思考和接受的空间。每个人都有自己的观点和立场，直接、强硬的表达方式可能会激起对方的抵触情绪，而用一种温和的方式来传达信息，对方会更容易接受。而且，从沟通效果来看，含蓄地表达往往更能激发对方的思考和探索欲望。当我们不把所有的意思都直白地表达出来，而是留下一些空间让对方去领悟和解读时，对方会更加主动地参与到沟通中，从而更深入地理解我们的意图。这种互动式的沟通方式，不仅能够增强沟通的效果，还能够促进双方的思想交流，引发情感共鸣。

相信很多人都知道“触龙说赵太后”的故事。当时赵国面临秦国的威胁，赵国向齐国求救，齐国要求赵太后的小儿子长安君到齐国做人质。赵太后溺爱长安君，坚决不同意。触龙在劝说赵太后时，没有直接提及让长安君做人质的事情，而是先从自己的身体状况和饮食起居说起，逐渐拉近与赵太后的距离。然后，他又从父母对子女的爱谈起，引导赵太后思考如何才是真正为长安君的未来着想。触龙言辞委婉，表意含蓄，没有丝毫的强迫和说教，最终成功说服了赵太后。触龙的聪明之处就在于他懂得换位思考，以含蓄的方式表达自己的观点，让对方更容易接受。

在商业谈判中，含蓄表达也是一种很重要的谈判技巧。谈判双方往往都有自己的利益诉求和底线，如果一方过于直白地表达自己的要求，可能会引起对方的反感和抵触。相反，如果能先倾听对方的意见，找到双方的共同利益点，再委婉地表达自己的想法，可能更容易达成合作。例如，如果希望对方降低产品价格，可以不直接提出降价的要求，而是先肯定对方产品的优势和价值，然后委婉地提及自己的成本压力以及市场上同类产品的价格情况。这种含蓄的表达方式既尊重了对方，又表达了自己的诉求，能够为双方的谈判创造良好的氛围。

“辞尽锋出”，则是对言辞过于详尽直白、锋芒毕露有诸多弊端的警示。

在人际交往中，过于直接和强硬的言辞容易伤害他人的感情，引发冲突和矛盾。每个人都有自尊心和自我保护意识，当我们的言辞过于尖锐和直白时，对方可能会感觉被攻击、被冒犯，从而产生抵触情绪，导致沟通无法顺利进行。从个人形象和声誉的角度来看，锋芒毕露的表达方式会给人留下傲慢、自负的印象。

唐代文学家韩愈因反对唐宪宗迎取佛骨，写下了言辞激烈的《谏迎佛骨表》。他在文中直指佛教为“夷狄之法”，并批评皇帝的行为是“伤风败俗”。唐宪宗觉得颜面无光，大为光火，于是找了个理由将韩愈贬为潮州刺史。

在职场中，过于张扬的言辞尤其是那些炫耀自己的成就和能力的言辞，很容易引起他人的嫉妒和敌意，招致不满和排挤，给自己带来不必要的麻烦和阻碍。保持低调、含蓄，才能使我们在竞争中不会成为众矢之的，更好地保护自己。

无论何时何地，我们都应守朴归真，保持谦逊和内敛，这样人生之路才能走得稳健踏实。

2. 识不逾人者，莫言断也。势不及人者，休言讳也。力不胜人者，勿言强也。

译文

见识没有超过别人，就不要轻易说肯定的话。势力比别人弱小，就不要轻易说忌讳的话。实力不如别人，就不要说要强的话。

如果一个人的见识没有超过别人，就不要轻易对事情作出判断和决断，这就是“识不逾人者，莫言断也”。因为见识有限的话，难以全面、深入地了解事情的本质，作出的判断很可能是不准确的或片面的。

一个人的见识，不仅包括知识的储备，还包括理解能力、分析能力以及对人性的洞察能力。当我们的见识没有超越他人时，我们看到的东西可能只是冰山一角，或是理解浮于表面，在这种情况下轻易下结论，不仅可能误导他人，还可能给自己带来不必要的麻烦。

以医学领域为例，一名初出茅庐的实习医生，虽然掌握了一定的医学理论知识，但临床经验远远比不上那些工作多年的资深医生，如果仅凭自己有限的知识和浅薄的见识就贸然对患者的病情作出判断并给出治疗方案，很可能会导致误诊或误治，造成严重的后果。在投资领域也是如此。有很多初涉股市的投资者，没有深入研究股票市场的规律和各种投资策略，仅仅凭借一些小道消息或者自己的主观臆断进行投资。他们在没有充分了解企业基本面、市场趋势以及风险因素的情况下，轻易地买入或卖出股票，结果遭受了巨大的损失。

从哲学的角度来看，我们对世界的认知是有限的，而事物本身是复杂多变的。我们掌握的知识和经验，只是对世界的一种片面的、相对的认识。因此，当我们的见识不足以对事物作出全面、准确的判断时，保持沉默也许是一种明智的选择。当然，这并不是说我们要放弃思考和表达，而是要审慎地发表自己的观点，并乐于向他人学习、请教。

“势不及人者，休言讳也”中的“势”可理解为势力、权势、形势等，这句话的具体意思是，如果自身的势力、权势比不上别人，或者所处的形势对自己不利，就不要轻易谈及他人忌讳之事。也就是说，在自己没有足够的地位、力量或优势时，不要去触碰那些可能会引起他人不满的敏感话题或触犯他人的禁忌，否则会给自己带来麻烦。

在古代，那些位卑言轻的臣子、平民，如果贸然触犯皇帝或权贵的忌讳，往往会招致杀身之祸。明朝开国皇帝朱元璋出身贫寒，做过乞丐，也当过和尚，他做了皇帝后，很忌讳别人提及“僧”“贼”等字眼，众多官员在奏章中不小心使用了这些词语，结果被朱元璋下令严惩。在现代职场中，如果我们在公司中处于较低的职位，或者在团队中影响力较小，就不要轻易“以下犯上”，否则很可能会给自己的职业发展带来负面影响。当然了，不是说不可以指出上级的错误，而是必须有合适的时机、采用正确的方式。曾经有一位新入职的员工，发现公司的业务流程存在一些问题，但是他没有考虑到自己在公司的地位和公司的形势，就在某次公司会议上直接站起来批评公司的管理和业务流程，而且言辞激烈。这种做法不仅没有让他得到领导和同事的认可，反而让领导和同事都觉得他过于自负，不懂得尊重他人。如果他能够先了解公司的文化和氛围，与同事和领导建立良好的关系，再找个合适的时机以恰当的方式提出自己的建议，显然会起到更好的效果。

需要指出的是，“势不及人者，休言讳也”并不是要我们一味地迎合他人，逃避问题，而是提醒我们在面对不利形势时，要保持头脑的清醒，学会审时度势，选择合适的时机和方式来表达自己的观点和诉求。只有这样，我们才能在复杂的社会环境中立足，才能更进一步去实现自己的目标。

“力不胜人者，勿言强也”的具体意思是，如果自身的力量不如别人，就不要逞强。这是告诫我们要有自知之明，不要做超出自己能力范围的事情，也不要在实力不如他人的情况下表现出强硬的态度，否则可能会给自己带来不必要的挫折和损失。这里说的“力量”是一个多维度的概念，它既包括体力、能力，也包括财力、物力等方面。当我们在这些方面不如他人时，逞强不仅不能解决问题，反而可能会让我们陷入更加被动的局面。

体育竞技很能说明这个道理。例如，在篮球比赛中，一名身材矮小、力量不足的球员如果强行与身材高大、身体强壮的对手进行内线对抗，不仅很难抢到篮板球和得分，还容易犯规，影响球队的整体表现。相反，如果这名球员能够认清自己的优势和劣势，发挥自己速度快、脚步灵活的特点，去做一名得分后卫，可能会为球队作出更大的贡献。在商业竞争中，我们也能看到类似的例子。一些小型企业在资金、技术、人才等方面都无法与大型企业相抗衡，如果这些小型企业不考虑自身的实力，盲目地加大投入，与大型企业进行正面竞争，试图与大型企业一较高下，很可能会因为资源迅速耗尽而破产。相反，如果这些小型企业通过市场细分，找到自己的独特定位，发挥自己的灵活性和创新性，专注于满足特定客户群体的需求，反而能扩大自己的生存空间。例如，一些小型的互联网创业公司，它们并没有选择与巨头们在热门领域进行正面竞争，而是专注于小众兴趣社交、特定行业的垂直电商等细分市场，通过提供个性化的服务和产品，成功地在市场中立足，并逐渐发展壮大。

在生活中，我们不仅要深刻理解“识不逾人者，莫言断也。势不及人者，休言讳也。力不胜人者，勿言强也”的内涵，更要探寻增强“识”“势”“力”的有效方法，以实现自我突破与成长。

一是要有终身学习的态度。广泛阅读，涉猎不同领域的知识，无论是历史、科学还是文学方面的知识，都能拓宽我们的认知边界。多参加学术讲座、研讨会，与不同行业的专家学者交流，这能让我们接触到前沿思想和多元观点。此外，丰富人生阅历也是增长见识的关键。要积极投身社会实践，参与志愿活动，通过旅行来体验不同的地域文化，从他人的经历和不同的生活环境中汲取养分，学会从多角度看待问题，培养批判性思维，从而不断提升分析和判断能力。

二是要学会洞察趋势。关注宏观经济、政策法规、社会文化等方面的动态，深入分析各行业发展趋势。善于分析自身所处的人际环境，充分了解各方利益诉求和权力结构，在复杂的关系中找准自己的位置。培养敏锐的政治觉悟，理解国家政策导向对社会各领域的影响，提高在不同形势下作出正确决策的能力。

三是要提升能力。坚持体育锻炼，保持良好的生活习惯，打造强健的体魄，为追逐目标打下良好的身体基础。制订系统的学习计划，参加各类培训课程，考取必要的证书，不断提升专业能力。注重心理素质的培养，锻炼自己的意志力和抗压能力，面对困难和挫折时能够保持乐观积极的心态，在面对挑战时能够从容和自信。

3. 王者不辩，辩则少威焉。智者讷言，讷则惑敌焉。勇者无语，语则怯行焉。

译文

真正的王者不会与人争辩，因为争辩会削弱他们的威严。智慧的人言语谨慎，这种谨慎会让敌人困惑。勇敢的人不说太多的话，话多了反而显得胆怯。

“王者不辩，辩则少威焉”告诉我们，威严源于行动而非言语。那些真正具有王者风范、处于统治地位或拥有强大领导力的人，是不会轻易与人争辩的，因为过多的辩解、争论，反而会有损自身沉稳、威严的形象和气质。

王者，在古代是指一国之君，在现代社会，王者的概念已延伸至各个领域的领导者，他们凭借卓越的领导力与决策力，引领着团队、组织乃至行业的发展。

苹果公司的创始人史蒂夫·乔布斯堪称商业领域的王

者。他对产品有着独特而坚定的理念，在苹果产品的研发过程中，面对团队成员的质疑、市场的不同声音，他从不为自己的决定作过多解释，这种果断决策的方式虽然有时会引起争议，却有效地推动了苹果产品的创新和发展。乔布斯的“不辩”，并非对他人意见的漠视，而是基于对自身能力的高度自信。他凭借卓越的领导力和苹果系列产品的巨大成功，成为毫无疑问的商业领袖，树立起无可撼动的商业权威地位。

王者“不辩”的根本原因，是他们深知口舌之争会消耗大量的时间与精力，且难以真正解决问题。他们更注重用实际行动和成果来证明自己是正确的。对王者来说，沉默是一种力量，行动才是最有力的语言。

“智者讷言，讷则惑敌焉”则是一种“大智若愚”的智慧。智者，是指那些拥有卓越智慧、对事物有着深刻洞察与理解的人，他们之所以显得不善表达，是因为他们明白，过多的言辞会暴露自己的想法和意图，保持少言寡语的木讷状态，反而可以迷惑敌人或对手，让对方难以捉摸自己的真实想法和计划，从而在竞争或博弈中占据主动。

在商业领域中，“讷言”是一种极为重要的商业策略。

一些企业在发展初期就四处宣传自己的商业模式、技术优势，将自己的底牌暴露无遗；而另外一些企业则选择低调行事，不在市场上发声，只是默默地执行战略规划，不断比照竞争对手，完善产品与服务。后者用静默实现了在竞争中的“隐身”效果，偷偷开发完成竞争武器并筑起了坚固的防御壁垒，而当前者发觉还有这么一个对手存在时为时已晚，最后只能败下阵来。后者的“讷言”是一种深思熟虑后的战略选择，这种智慧让其在竞争中始终保持着战略上的主动并最终胜出。

“勇者无语，语则怯行焉”告诉我们，行动胜于空谈。真正勇敢的人不会总是把“勇敢”挂在嘴边，不会通过言语来彰显自己的勇敢。如果一个人总是不停地说自己多么勇敢，要去做多么勇敢的事情，反而会让人觉得他只是嘴上厉害，实际行动时可能会缺乏勇气。真正的勇者心里都清楚，行动才是检验勇气的唯一标准。

西汉名将霍去病，年少成名，英勇善战。他在抗击匈奴的战争中，多次率领骑兵深入大漠，长途奔袭，取得重大胜利，但很少向他人提及自己的英勇事迹。“匈奴未灭，何以家为”，对于征战沙场，他只有这句简短而有力的话语。霍去病以其卓越的军事才能和无畏的勇气，为保卫汉朝边疆立下不朽功勋，成为千古传颂的英雄。

在我们身边，也有许多普通人在平凡的岗位上，用行动展现出非凡的勇气：消防员面对熊熊烈火，毫不犹豫地冲进火海，拯救生命与财产；医护人员在疫情肆虐时逆行而上，奋战在抗疫一线，守护着人民的健康……。我们很少听到他们发出豪言壮语，他们只是默默地履行自己的职责，用行动诠释什么才是真正的勇敢。

“王者不辩，辩则少威焉。智者讷言，讷则惑敌焉。勇者无语，语则怯行焉”，这句古老的箴言为我们揭示了沉默的力量与智慧。我们应谨记其中蕴含的哲理，在沉默中积蓄力量，在行动中展现自己的能力与价值，以沉默为舟，以行动为桨，驶向成功的彼岸。

4. 忠臣不表其功，窃功者必奸也。君子堪隐人恶，谤贤者固小人也矣。

译文

忠臣不会把自己的功劳挂在嘴边，偷取他人功劳的人一定是奸诈之徒。君子能够包容他人的缺点，诽谤贤士的人一定是小人。

“忠臣不表其功，窃功者必奸也”揭示了忠臣与窃功者的本质区别：忠臣“功成不居”，只讲奉献，不求回报；窃功者“窃功为己”，私利为先，损人利己。

“忠臣不表其功”，意思是忠诚的大臣不会炫耀自己的功劳。在古代，“忠臣”的身份是大臣；在现代，我们可以把那些在国家、组织或团队中，忠实、以奉献为荣的人都称为“忠臣”。“不表其功”体现了忠臣在“忠”之外的两样特质——谦逊与低调。对他们来说，功绩是履行职责的自然结果，而非用来炫耀的资本。他们认为，自己所做之事算不算得上功绩，应由时间来检验，由大众来评判，而非靠自我标榜。这种谦逊与低调，是对“淡泊名利，宁静致远”这一儒家思想的生动诠释。

“窃功者必奸也”，是对那些窃取他人成果、夸大自己功劳之人的严厉批判。“窃功”这种行为不仅是道德严重缺失的表现，更是对他人努力和付出的不尊重与践踏。窃功者本性贪婪、自私自利，会为了满足自己的私利而不择手段，不惜损害他人利益、破坏公平公正，是毫无疑问的奸佞小人。

“君子堪隐人恶，谤贤者固小人也矣”揭示了君子与谤贤者的本质区别：君子以德行为先，宽容大度，隐恶扬善；谤贤者以私利为先，心胸狭窄，诋毁他人。

“君子堪隐人恶”，指的是有德行的君子能够宽容地对待他人的过错，甚至在某些情况下选择隐瞒，以保护对方的名誉和尊严。这并不是说君子对错误视而不见，而是出于一种更高层次的善良与智慧作出的选择。他们认为，应该给他人一个改过自新的机会，有时候公开指出他人的短处只会加剧矛盾。君子的这种包容与理解，体现了儒家“仁爱”与

“和为贵”的思想。

“谤贤者固小人也矣”，是对那些无端诋毁、中伤贤者之人的严厉谴责。“贤者”自然是指贤能之士，他们是社会的精英，用自己的智慧和才能为社会作出不可忽视的贡献。然而，总有那么一些人心中充满嫉妒与偏见，看不得别人优秀，于是他们通过诽谤、造谣等手段，试图贬低贤者的形象，以满足自己的畸形心理或达到某种不可告人的目的。这种“谤贤”行为不仅是对他人品德的亵渎，更是对社会进步与和谐的破坏。谤贤者，无论其动机为何，都摆脱不了“小人”的标签，因为他们缺乏基本的道德底线和对他人的尊重。

在现代社会，尽管人们的价值观多元化，但“忠臣不表其功，窃功者必奸；君子堪隐人恶，谤贤者固小人也矣”所蕴含的古老智慧依然具有重要的现实意义：

其一，倡导谦逊与诚信。无论是在竞争激烈的职场还是在生活中，谦逊与诚信是每个人必不可少的品质。不炫耀自己的成就，不窃取他人的劳动成果，是维护个人尊严和社会公平的基本要求。

其二，提倡包容与理解。在多元化的社会背景下，人与人之间的差异日益显著。学会包容他人的不足，理解他人的难处，是构建和谐人际关系的关键。彼此包容与理解，才能共同营造出更加和谐、友善的社会环境。

其三，抵制诽谤与谣言。在信息爆炸的时代，网络成为谣言与诽谤传播的温床。面对不实言论，我们应保持理性，不轻易相信和传播未经证实的信息。同时，对于那些恶意诋毁他人的人，我们应给予谴责，维护正义，让网络空间成为传播正能量、促进社会进步的阵地。

其四，弘扬正能量，树立正面典型。应在全社会范围内大力弘扬忠诚、谦逊、包容、正直等正面的价值观，树立一批忠诚履职、默默奉献的先进典型。通过他们的榜样作用，激励更多人向善向上，共同维护社会风气，提升社会文明程度。

誉卷第五

1. 好誉者多辱也。誉满主惊，名高众之所忌焉。

译文

喜欢追求名誉的人往往会招致羞辱。当一个人的名誉过高时，会引起上位者的不安；当一个人的名声过于显赫时，会引来众人的猜忌。

“好誉者多辱也”，说的是贪图虚名者终将反受其累，自取其辱。“好誉者”指那些过分追求名誉、虚荣心强的人，这类人很容易迷失自我，有时也会为达到目的而不择手段，但大多没什么好下场，“多辱也”罢了。

好誉者通常有四种典型表现：

其一，过分在意他人的评价。好誉者非常在意他人的评价，极度渴望得到他人的认可和赞誉。他们可能会为了迎合他人的期望而改变自己的行为，甚至放弃自己的原则和价值观。例如，一些人在社交媒体上不断发布经过精心修饰、过度美化的照片和内容，只为获得更多的点赞和评论，这类人就是依赖外界的评价来定义自己的价值，忽视了自己内心真实需求的人。

其二，追求表面的成功。好誉者急于追求表面的成功，如名利、地位、财富等，可能会为了获得“成功”而不择手段，甚至牺牲他人的利益。例如，一些企业的经营者为了获得短期业绩，不管产品质量、克扣员工福利，最终导致企业的长期发展受损。

其三，喜欢自我吹嘘和炫耀。好誉者常常自我吹嘘和炫耀，以此来吸引他人的注意及获得赞誉。他们可能会夸大自己的成就，甚至会编造虚假的故事来提升自己的形象。在社交场合中，我们经常能看到这一类人，他们总是滔滔不绝地谈论自己的“成功经历”，一旦别人表示羡慕和佩服，他们就沾沾自喜。

其四，对批评和反对意见极为敏感。好誉者对他人的批评和反对意见很敏感，会产生强烈的抵触情绪。他们很容易因为一句批评的话而感到自尊心受挫，甚至会采取过激的行为来维护自己的“名誉”。

在《封神演义》中，申公豹便是一个典型的好誉者。申公豹与姜子牙同拜于元始天尊门下，但他极度渴望获得比姜子牙更高的声誉和地位。为了达到目的，他不择手段，挑拨离间，教唆各路妖邪与姜子牙作对。申公豹嫉妒姜子牙受元始天尊重用，主持封神大业，于是四处搬弄是非，引发无数纷争。他的行为并非出于对正义或使命的追求，仅仅是为了满足自己的虚荣心。最终，申公豹的所作所为引发众怒，他不仅未能如愿获得崇高的名誉，反而落得个身败名裂的下场，被元始天尊下令拿去填了北海之眼，成为千古笑柄。他的经历深刻地诠释了“好誉者多辱也”的道理。

在《伊索寓言》里，有一则“乌鸦和狐狸”的故事。乌鸦得到一块肉，站在树上准备享用。狐狸看到后，为了得到这块肉，便开始夸赞乌鸦歌声美妙，是森林里最优秀的歌唱家，希望能听上一曲。乌鸦被狐狸的吹捧冲昏了头脑，一心想要证明自己配得上这赞誉，便张嘴唱歌，结果肉掉了下去，被狐狸叼走了。乌鸦为了得到那虚假的名誉，轻易相信了狐狸的奉承，不仅失去了口中的食物，还沦为其他动物的笑谈。这则寓言也生动地展现了过度追求名誉有可能带来的尴尬与损失。

在现代社会，也不乏这样的例子。一些明星为了维持自己的高人气和良好形象，通过炒作、造假等手段来打造虚假人设，结果终有一天人设崩塌，遭到粉丝的唾弃和舆论的谴责。曾经有一位所谓的“学霸”明星，经常在节目中频繁炫耀自己的高学历和丰富学识，营造出一副博学多才的形象。后来，有人曝光其学历造假，学术成果也是抄袭而来。此事一出，该明星瞬间成为众矢之的，不仅演艺事业受到重创，还遭到了社会各界的批判和嘲讽。

“誉满主惊”，说的是“高处不胜寒”的背后潜藏着危机。

当一个人名誉过高、声望过大，就有可能引起上位者（如君主、领导）的警惕或忌惮，招致打压。

历史上，臣子因“功高震主”，最终被贬、被杀的事例数不胜数。在古代，作为国家的最高统治者，皇帝们最关心的是自己的统治地位是否稳固，当臣子的名誉和威望超过自己时，他们就会认为臣子对自己的统治构成了威胁，有可能取代自己。因此，历史上许多功臣名将，尽管为国家立下了赫赫战功，但最终还是遭到了皇帝的猜忌和迫害。战国时期，秦国的白起就是一个典型的例子。

白起是战国“四大名将”之首，他征战沙场，为秦国的统一大业立下了不朽功勋。白起任秦军主将三十余年，攻城七十余座，威震六国。然而，随着白起名声日盛，秦昭襄王开始对他产生了猜忌。在长平之战后，白起本想乘胜追击，一举消灭赵国，但秦昭襄王却听信了范雎的谗言，下令让白起撤兵。白起对此深感不满，与秦昭襄王闹起了不愉快。后来，秦国再次攻打赵国，但秦军被挡在邯郸城外，久攻不下。秦昭襄王想让白起挂帅出征，但白起却称病不出。秦昭襄王认为白起是在故意违抗命令，对他更加不满。最终，白起被秦昭襄王赐死。

“誉满主惊”不仅是古代君臣关系的真实写照，也是现代职场中我们需要注意的问题。一些员工工作能力很强，也取得了显著的成绩，获得了很高的声誉，但他们不懂得低调行事，也不懂得维护领导的权威，结果引起领导的不满和猜忌，最终被打压，葬送了职业前景发展前途。领导倒是不担心员工会抢了自己的位置，但他们担心自己的威望会受到影响。

与“誉满”容易引起“主惊”一样，“名高”也不是什么好事，很容易“树大招风”，成为“众之所忌”。

这世界上的大多数人都有嫉妒心理，当看到别人比自己优秀、比自己有名时，就会不自觉地产生一种嫉妒情绪，这种情绪如果得不到正确的引导，就会演变成敌意。因此，当一个人在变得名声显赫、地位崇高后，很可能会成为众矢之的。

唐朝的李白，诗歌才华举世无双，被誉为“诗仙”。他的诗歌豪放飘逸，富有浪漫主义色彩，深受人们的喜爱。然而李白虽然才华横溢，但一生坎坷，尤其是仕途极为不顺，以至于许多抱负和理想都无法实现，这很大程度上是因为他的名声过高，引来了众人的嫉妒，对他百般排挤。

即便是在现代社会，这种现象也依然屡见不鲜。一些在某一领域取得突出成就的人，常常遭到无端质疑，名誉被恶意诋毁。比如，有的科学家在取得重大科研成果后，就会有人跳出来，毫无依据地质疑其科研成果的真实性，或是污蔑其剽窃国外技术，诋毁之词不仅给科学家们的个人声誉带来损害，也影响了他们的科研工作和创新热情。

“名高”易被“众忌”，这是人性的弱点导致的，也是难以改变的社会现实。因此，在实现人生价值的道路上，我们要时刻保持头脑的清醒，不要被名声所累。

2. 誉存其伪，谄者以誉欺人。名不由己，明者言不自赞。贪功之功，天不佑也。

译文

赞誉中常常存在虚假的成分，谄媚之人会利用虚假的赞誉来欺骗他人。真正的名声并非由自己说了算，明智的人不会自我夸赞。贪图不属于自己的功劳，上天也不会保佑的。

如译文所说，“誉存其伪”的意思，就是赞誉之中常常存在虚假成分，而之所以有虚假成分，是因为有“谄者以誉欺人”，即有一些善于谄媚的人，常常以虚假的夸赞来欺骗他人，以达到自己的某种目的。

《论语》中有云：“巧言令色，鲜矣仁。”善于花言巧语、满脸伪善的人，很少有仁德之心。谄媚者给予他人虚假的赞誉，正是巧言令色的一种表现。他们并非真心认可他人，而是为了谋取私利，如获得好处、提升自身地位等。在古代宫廷中，这种现象屡见不鲜。一些臣子为了讨好皇帝，不惜夸大其词，对皇帝的决策一味奉承，哪怕皇帝的决策存在明显弊端。他们用虚假的赞誉蒙蔽皇帝的双眼，使皇帝难以看清事实真相，自然是没安好心。在现代社会，这种现象同样不少见。有些人为了讨好上级，获取晋升机会，变着花样拍领导的马屁，对领导的任何决策都大加赞赏，甚至将他人的功劳也归到领导身上。这种靠虚假赞誉博得领导欣赏的行为不仅破坏了职场的公平环境，还可能导致领导作出错误决策。在商业领域，一些不良商家为了推销产品，雇用“水军”发布虚假好评，用虚假的赞誉欺骗消费者，实际上也属于“谄者以誉欺人”，只不过那份虚假的赞誉，是商家主动邀请“谄者”给的。

“名不由己”告诉我们，一个人的名声不能完全由自己决定，外界的评价、社会的舆论等多种因素，都会对其产生影响。明智的人深明此理，所以“言不自赞”，不会自我吹嘘。

道家主张顺应自然，不刻意追求虚名也是顺应自然之举，老子就说过：“夫唯不争，故天下莫能与之争。”真正有智慧的人，不会为了名声而刻意表现、自我夸赞，他们凭借自身的德行与能力，自然而然地赢得他人的认可与尊重。

东晋时期的陶渊明，厌恶官场的黑暗与虚伪，毅然辞官归隐。他没有四处宣扬自己的高洁志向，而是用充满田园气息的诗歌和“采菊东篱下，悠然见南山”的生活方式来展现出对自由、质朴生活的追求。他的作品流传千古，他淡泊名利的形象也深入人心。袁隆平先生一生致力于杂交水稻研究，默默奋斗在优质水稻培育工作一线，为中国解决粮食问题作出了巨大贡献，他从未宣扬自己，却赢得了全国人民的敬重与赞誉，被封为“现代神农”。

“贪功之功”指的是贪图而来的功劳，“天不佑也”则是对此发出的警示：这种贪婪的行为不会得到上天的庇佑，小心自食恶果。

唐朝的宋之问是一个官员兼诗人，他在文学上确有一定造诣，本可凭借自身能力在文坛留名，但他极度渴望拥有更高的名声，为此竟做出令人不齿之事。他的外甥刘希夷创作了一首诗《代悲白头翁》，其中的一句“年年岁岁花相似，岁岁年年人不同”后来成为千古绝唱。宋之问见此诗绝佳，便想将其据为己有，在求而不得后，他残忍地用土囊将外甥压死，强行把这首诗署上自己的名字。除此之外，宋之问还做了不少坏事，例如谄事张易之兄弟、主持贡举时贪贿。后来，宋之问多次被贬，最终被唐玄宗赐死。可见，贪功之人必是品行恶劣之人，老天自然是不会保佑的。

学术造假也是一种“贪功之功”。一些科研人员为了获得名利，或抄袭他人研究成果，或伪造实验数据，这种行为也是不会得到“天佑”的，迟早有事情败露、身败名裂的一天。黄禹锡是韩国著名的生物学家，曾被誉为“干细胞研究之父”。他在 2004 年和 2005 年发表了两篇关于人类胚胎干细胞研究的论文，先后刊登在《科学》杂志上。他声称成功克隆了人类胚胎并提取了干细胞，这一成果被认为是干细胞研究领域的重大突破，也使他成为国际科学界的明星。2005 年底，黄禹锡研究团队的内部成员揭露其研究数据存在造假嫌疑。随后，韩国媒体和学术界开始对其研究进行深入调查。2006 年 1 月，首尔大学调查委员会公布调查结果，确认黄禹锡的研究数据系伪造。他声称的克隆人类胚胎干细胞根本不存在，论文中的数据和图片均经过篡改。《科学》杂志随即撤回了黄禹锡的两篇论文，这是该杂志历史上罕见的撤稿事件。一夜之间，黄禹锡从“民族英雄”沦为学术界的耻辱，其研究成果被全盘否定，学术声誉彻底崩塌。其后，黄禹锡又因欺诈、挪用研究经费和违反生物伦理法等罪名被起诉，最终被判刑。

“誉存其伪，谄者以誉欺人。名不由己，明者言不自赞。贪功之功，天不佑也。”这句话从名誉、赞美、功绩三个方面，为我们揭示了为人处世的重要理念。它提醒我们：在面对赞誉时要保持清醒，不被虚假的夸赞迷惑；追求名声要靠自身的德行与努力，而非自我吹嘘；谋求功绩要秉持诚实与公正，不贪图不属于自己的功劳。作为中国传统文化的传承者与学习者，我们应当将这些理念融入日常生活和工作当中，努力提升自己的品德修养，做一个真实、明智、正直的人。

3. 赏誉勿轻，轻则誉贱，贱则无功也。受誉知辞，辞则德显，显则释疑也。上下无争，誉之不废焉。

译文

给予赞誉时不要轻率，轻率则赞誉会变得廉价，廉价则失去激励的作用。接受赞誉时要懂得推辞，推辞则品德得以彰显，彰显则能消除他人的疑虑。上下级之间没有争斗，赞誉的作用才不会失效。

赞誉是一种重要的激励手段，被广泛应用于职场、教育和社会交往中。然而，如何正确地给予和接受赞誉，是一门大学问。

赞誉是有分量的，如何拿捏赞誉的分量，颇有讲究，“赏誉勿轻，轻则誉贱，贱则无功也”谈的就是这个问题。能够轻易得到的赞誉是廉价的，这种廉价的赞誉不仅无法起到激励的作用，还可能让人产生自满情绪，甚至对赞誉产生免疫。

教育中的过度表扬就是一种廉价的赞誉。很多家长和老师为了鼓励孩子，常常给予孩子过度的表扬。例如，无论孩子完成的任务多么简单，都会得到“你真棒”“你太聪明了”之类的称赞。殊不知，这种过于轻易得到的赞誉可能会让孩子产生依赖心理，认为无论做什么都应该得到表扬，当他们做某件事情没有人给予称赞时，就很容易失去再尝试的动力。研究结果也表明，经常接受过度表扬的孩子在面对挑战时更容易放弃，因为他们害怕失败后会失去赞誉。

“受誉知辞，辞则德显，显则释疑也”谈的是谦虚的重要性。别人给予赞誉时，懂得推辞不仅是一种礼貌，更是一种美德。对于赞誉以谦逊之态待之，这种态度不仅能够彰显个人的修养，还能消除他人的疑虑，赢得更多的尊重和信任。

关于此，娱乐圈里的各路明星曾做过的事就可资证明。有些明星在参加颁奖典礼，发表获奖感言时，会首先表达对主办方、评委、团队、家人以及粉丝的感谢，例如某位演员在获得最佳男主角奖时，可能会这样说：“首先，我要感谢主办方和评委对我的认可，这是对我多年努力的肯定。同时，我也要感谢我的导演、编剧、制片人以及所有剧组的同仁们，是你们的辛勤付出和无私奉献，才让我有机会站在这个舞台上。此外，我还要感谢我的家人和粉丝，是你们一直以来的支持和鼓励，让我有勇气面对挑战，不断前行。”这是在谦逊地表示，这项荣誉并非靠他个人的努力就能获得，而是团队共同努力的结果，也是家人和粉丝支持的结果，是外界对自己的抬爱，自己非常感恩。这样的表态无疑大大增强了观众的好感度和信任度，同时，这样的态度也有助于维护自己工作团队的和谐与稳定，为未来的继续合作打下良好的基础。相反，有一些明星在获得奖项时表现得相当自负、自大。例如，曾有某位歌手在获得音乐奖项时称自己早该拿奖，还有某位靠炒作而红的女明星获奖后接受采访时称自己的演技值几千万元。这样的言论引发了大众的反感，网络上嘘声四起。后来两人逐渐被娱乐圈抛弃的事实也证明，为人不谦、不懂感恩的无德之人，是不受欢迎的。

“上下无争，誉之不废焉”，其中的“上下无争”意思是在一个组织、团队或社会结构中，上级和下级之间没有争斗、纷争。这里的“争”包括权力之争、利益之争、荣誉之争等各种形式的冲突。“无争”意味着上下层级都能够各安其位、各尽其责，以和谐的状态共处。“废”是废除、消失的意思。整句话的意思是，在上下无争的情况下，声誉才不会丧失，整个组织或团体才能够保持良好的声誉和形象。

我们可以从几个角度来理解“上下无争，誉之不废焉”这句话的深层含义：

从管理的角度来看，管理者与下属之间若能避免发生无谓的争斗，形成一种和谐有序的工作氛围，那么团队的凝聚力和执行力会更强。管理者不与下属争功，就能够充分发挥下属的积极性和创造力，而下属也会尊重管理者的领导，大家一起为实现组织目标而努力。这样的团队往往能取得良好的业绩，会赢得外界的认可和赞誉，团队和个人的声誉都能得到提升。

从社会关系的角度来看，社会中不同阶层、不同地位的人如果能相互理解、相互配合，而不是相互倾轧、争斗，社会就会更加和谐稳定。当每个人都能在自己的位置上做好本职工作，为社会的发展贡献力量时，整个社会就会呈现出积极向上的风貌，在这样的社会中，更容易取得成果，获得荣誉。

从个人修养的角度来看，这句话启示我们要保持平和、谦逊的心态，不要过于争强好胜，尤其是在与上下级交往的过程中，要以大局为重，以和为贵。当我们能够做到不争一时之利、不图一时之名，而是专注于自身的成长和对团队、社会的贡献时，我们自身的价值会自然而然地得到认可，声誉也自会到来。

4. 人无誉堪存，誉非正当灭。求誉不得，或为福也。

译文

一个人即使没有名誉，也可以活得充实而有意义；但如果名誉是通过不正当手段获得的，那么它终究会毁灭。追求名誉却未能得到，这反而可能是一种福气。

“人无誉堪存”告诉我们，名誉并非生存的根本。名誉是社会对个人的评价和认可，但它只是人的外在标签，而非人生的全部。一个人即使没有显赫的名誉，依然可以凭借自己的努力和品德，过上充实而有意义的生活。名誉是有局限性的，其局限性体现在它往往是短暂的、易变的，甚至可能是虚假的。许多人都在追求名誉，甚至有人为之不惜牺牲自己的原则和底线，但最终却发现名誉并不能带来真正的幸福。相反，那些默默无闻却坚守本心的人，往往能够在平凡的生活和工作中获得内心的平静与满足。比如，许多普通的教师、医生、工人，他们虽然没有显赫的名誉，但通过自己的努力和奉献，赢得了学生、患者和同事的尊重与信任，他们的生活平凡而普通，却充满了意义和价值。他们平凡而充实的生活证明，名誉并非人生的必需品，拥有它也不一定快乐，只有内心的安宁才是真正的幸福源泉。

“誉非正当灭”告诉我们，名誉要有正当性。如果名誉是通过正当的手段得来的，那么它才是有价值的，也才能存续；如果名誉是通过不正当的手段获得的，那么它最终会毁灭、消失。

曾经的美国能源巨头安然公司，在 20 世纪末至 21 世纪初可谓风光无限，连续多年被《财富》杂志评为“美国最具创新精神公司”，在全球能源市场上占据重要地位，享有极高声誉。但实际上，安然公司多年来一直在通过财务造假手段虚报利润、隐瞒债务，营造出公司业绩蒸蒸日上的假象，以此获取市场信任与商业荣誉。2001 年，安然公司的财务欺诈行为被曝光，股价暴跌，公司迅速破产。这家曾经辉煌无比的公司商业声誉一夜归零，众多投资者血本无归，公司高管也受到法律严惩。

我们苦苦追求名誉却未能如愿，往往会陷入困惑与沮丧之中，但如果换个角度看，那么就会发现，这种求而不得的经历，或许正是命运赐予我们的一份珍贵礼物。这正是“求誉不得，或为福也”要告诉我们的道理。

每个人都有追求，名誉也是追求的对象之一。我们之所以努力学习、辛勤工作，动力之一就是期望能够获得他人的认可与赞誉。然而，现实并非总是如我们所愿，有时候无论我们如何努力，似乎都无法获得我们想要的结果。此时，我们难免会陷入自我怀疑与焦虑之中，觉得自己的付出没有得到应有的回报。但是，如果我们能够转换思维方式，将这种求誉而不得的经历视为一次成长与反思的机会，就会发现其积极的一面。

求誉而不得，表面上是一种挫折，但实际上却是一种难得的成长机会，这与“失败是成功之母”的道理类似。求誉而不得的经历也是我们进行自我反思和提升的机会，它不仅能锻炼我们的心态与意志，还能让我们更深刻地理解成功的真正意义。

其一，求誉而不得能够让我们对自己有更加清晰的认识。在追求名誉的过程中，我们往往会高估自己的能力，或者忽视自身的不足，但当结果不如预期时，我们就会被迫重新审视自己，发现那些被忽略的问题。这种自我反思的过程虽然痛苦，但却能让我们更加清醒地认识自己的真实水平，从而找到未来的努力方向。

其二，求誉而不得能够培养我们的抗压能力。这种抗压能力对我们个人的成长至关重要，尤其是对我们未来的职业发展有深远的影响。在现代社会，竞争日益激烈，压力无处不在，如果我们从未经历过失败，那么当真正的挑战来临时，我们可能会因为无法承受压力而崩溃，而求誉而不得的经历正给了我们学习如何面对压力、如何在逆境中保持冷静和理智的机会。

其三，求誉而不得能够让我们更加珍惜成功的来之不易。如果我们经历过多次失败，那么最终取得成功时，必定更能感受到成功的价值。这种经历也会让我们在未来追求新目标的道路上更加谨慎和努力，不会因为取得一点小小的成绩便沾沾自喜、放松警惕。

情卷第六

1. 情滥无行，欲多失矩。其色如一，鬼神莫测。

译文

情感泛滥就会丧失品行，欲望太多就会失去原则。神色始终如一的人，鬼神都猜不透他的心思。

这两句话揭示了情感泛滥与欲望过度所带来的危害，同时展现了保持心境沉稳、情绪恒定的强大力量。

“情滥无行”，说的是情感泛滥会导致行为失范。作为人类内心世界的重要组成部分，情感赋予我们丰富多彩的生命体验。适度的情感表达，是我们与他人建立深厚联系的重要手段，但若情感失去控制，变得泛滥无度，就会导致行为的失序与偏差。情感泛滥的人，往往缺乏对自身情绪进行有效管理的能力，他们任由情感的洪流在心里肆意奔腾，行为被情感左右，丧失理性思考与判断的能力。

历史书中，因“情滥”而铸下大错的例子不胜枚举，唐玄宗与杨贵妃的爱情故事便是一个典型。唐玄宗对杨贵妃宠爱至极，情感上过度依赖，为博美人欢心，不惜耗费大量的人力、物力、财力。他为杨贵妃修建华美的宫殿、千里运荔枝，甚至因宠爱杨贵妃而任用杨国忠等无能之辈，导致朝廷腐败、政治黑暗。最终，唐朝在他治下由盛转衰，走向没落。唐玄宗因情感的泛滥，失去了作为一国之君应有的理智与判断力，作出了一系列错误的决策，不仅让自己的国家陷入了万劫不复之地，也让这段原本美好的爱情以悲剧收场。

在现代社会，情感泛滥同样给人们带来诸多困扰。在人际交往中，有些人过于情绪化，喜怒哀乐皆形于色，且常常毫无节制地宣泄自己的情绪。例如，有的人在工作场合常常因一点小事就大发雷霆，对同事恶语相向。这种行为不仅破坏了团队的和谐氛围，也会让他人对其产生负面评价，影响自己的职业发展。又如，在恋爱关系中，一方过度依赖另一方，不断地索取情感关注，一旦得不到满足，便哭闹、纠缠。这种过度的情感需求往往会给对方带来巨大的压力，最终导致关系破裂。

“欲多失矩”，说的是欲望膨胀会导致内心的规则之墙崩塌，让人迷失自我。欲望是人类与生俱来的本能，它驱使着人类不断追求进步，以满足自身所需，但如果欲望过度膨胀，就会如同脱缰的野马，不受束缚地横冲直撞，给自己和他人带来伤害。

曾经横扫全球，导致许多国家的经济增长放缓，金融市场动荡不安的美国“次贷危机”就是一个典型的“欲多失矩”案例。

20 世纪 90 年代末至 21 世纪初，美国房地产市场繁荣，房价持续上涨，美国的金融机构为了追求更高的利润，开始放宽贷款标准，向信用记录较差、收入不稳定的借款人发放大量次级贷款（即“次贷”）。为分散风险，金融机构又将这些次级贷款打包成复杂的金融衍生品，然后出售给全球投资者，评级机构则罔顾事实，给这些高风险产品赋予较高的信用评级。2004 年至 2006 年，美联储逐步提高利率，导致执行浮动利率的次级贷款还款压力骤增。与此同时，美国房地产市场开始降温，房价停止上涨甚至下跌，许多借款人无法偿还贷款，违约率急剧上升。随着违约率上升，那些以次级贷款为基础的金融衍生品价值暴跌，持有这些资产的金融机构遭受巨大损失。2007 年，美国第二大次级贷款公司新世纪金融公司申请破产，标志着次贷危机的爆发。随后，多家大型金融机构陷入困境，包括贝尔斯登、雷曼兄弟等。2008 年 9 月，雷曼兄弟宣布破产，成为美国历史上最大的破产案之一。这一事件引发了全球金融市场的恐慌，信贷市场被冻结，股市暴跌，全球经济陷入严重衰退，美国自身也有数百万人失去住房，失业率飙升，经济一蹶不振。

“其色如一，鬼神莫测”，说的是内心的稳定和强大能够让人达到一种高深的境界。“其色如一”的人，遇到困难不会惊慌失措、愁眉苦脸，面对利益不会急不可耐、贪婪外露，因为他们内心的坚韧程度以及对自身情绪和行为的掌控能力，达到了常人难以企及的程度。无论是谋划事情还是应对危机，他们都能冷静思考、周密计划，展现出惊人的智慧与定力，令人敬佩。

“鸿门宴”的故事相信大家都听说过。楚汉相争时期，项羽和刘邦分别是两大势力的领袖。项羽在巨鹿之战中大败秦军，威震天下，而刘邦则率先攻入咸阳，接受了秦王子婴的投降。项羽对刘邦先入关中极为不满，认为刘邦有称王之心，决定设下鸿门宴，意图除掉刘邦。鸿门宴上，项羽的谋士范增多次暗示项羽杀掉刘邦，但项羽犹豫不决。刘邦在宴会上表现得极为谦恭，言辞谨慎，丝毫没有露出反意，他主动向项羽解释自己并无称王之心，并表示愿意将关中之地让给项羽。刘邦的谋士张良和樊哙也在宴会上巧妙周旋，樊哙甚至闯入宴会，义正词严地为刘邦辩护，进一步打消了项羽的疑虑。项羽最终被刘邦的淡定表现所迷惑，迟迟没有对刘邦下手。后来刘邦借口如厕，趁机逃离鸿门宴，回到自己的营地。此后，刘邦继续积蓄力量，最终在楚汉战争中击败项羽，建立汉朝。刘邦就是一个能够做到“其色如一，鬼神莫测”的人。

守情与欲之度，悟心境恒定之智，是人生的必修课。拥有平和的情感、理性的欲望和沉稳的心境，我们方能从容面对生活的风风雨雨、命运的起起落落。那么，我们该如何修炼心性，避免“情滥无行，欲多失矩”，做到“其色如一”呢？

首先，要做好情感管理，避免“情滥无行”。一是要培养情感觉察能力。我们可以每天花上几分钟回想自己一天的情感状态，记录下引发情绪波动的事件和原因，这样可以更好地了解自己的各种情绪源于何处，找出那些支配我们情感的因素，思考摆脱它们影响的办法。二是要掌握一些情绪调节方法。比如，当情绪波动较大时，我们可以通过深呼吸、冥想或运动等方式来平复情绪。及时运用情绪调节方法能够帮助我们在情绪激动时保持冷静，避免做出冲动的行为。

其次，要做好欲望控制管理，避免“欲多失矩”。一是要明确自己的核心需求。我们可以找个时间，静下心来，列出自己短期内和长期内真正需要的东西，注意区分“需要”和“想要”。有了明确的核心需求，很多本不该有的欲望就会消失。二是要设定合理的人生目标。我们可以将人生的大目标分解为多个小目标，逐步去实现，而不是试图一蹴而就。合理的人生目标能够让人保持专注，避免因欲望过多而迷失方向。

最后，要加强内心修养，做到“色如一”。一是要培养定力。通过冥想、打坐或瑜伽等方式，训练自己的定力。定力能够帮助我们在被外界干扰时保持内心的稳定，不受情感和欲望左右。二是学会接受和放下。接受自己无法改变的事情，放下对结果的执着。拿得起、放得下，内心就没有焦虑和压力，人就会变得从容。三是追求内在的成长。将注意力从追求外在的名利转向追求内在的成长，多学习和思考，多帮助他人。内在的成长能给我们带来持久的满足感，降低物欲与情欲，自然也能减少外界因素可能对我们心理造成的冲击。

2. 上无度失威，下无忍莫立。上下知离，其位自安。君臣殊密，其臣反殃。小人之荣，情不可攀也。

译文

上位者如果没有分寸，就会失去威严；下位者如果不能忍耐，就无法立足。如果上下级都懂得彼此保持适当的距离，各自的地位才能安稳。君主与臣子关系过于亲密，这种亲密关系反而会给臣子带来灾祸。小人的荣耀是通过不正当手段获得的，不应该去攀附这类人。

“上”指的是上位者，即处于上级地位的领导者。“上无度失威”，讲的是领导者应节制与自律。

在中国古代，最大的领导者自然是君主。君主是国家的最高统治者，其权威和威信直接关系到国家的稳定与繁荣。然而，如果君主行事没有节制，滥用权力或放纵官员行无道之举，就会失去臣民的敬畏和信任，最终导致权威丧失。我们前面提到的商纣王和唐太宗李世民，两人截然不同的表现及其带来的结果，就是对这一论断的最好说明：商纣王荒淫无度、暴虐无道，最终失去民心，导致商朝灭亡；唐太宗李世民注重自我约束，虚心纳谏，赢得了臣民的拥戴，开创了“贞观之治”的盛世。

在现代，无论是在职场中还是在官场上，领导者同样需要做到节制和自律，因为这是维持组织稳定和发展的关键，否则，领导者将会失去下属的信任与拥戴，还可能导致组织陷入混乱和衰落。在我看来，一个优秀的领导者要想不“失威”，至少应做到三点：一是能够自我约束，即做到不滥用权力、不因私废公，秉持公平、公正、公开、透明的做事原则。二是能够以身作则，即以自身的行为给下属树立榜样，赢得下属的尊重和信任。三是能够虚心纳谏，即愿意倾听下属的意见和建议，不独断专行。

“下”指的是下位者，即处于下级地位，接受上位者领导的人。“下无忍莫立”，讲的是下位者要有隐忍的智慧。

对于下位者来说，隐忍是一种至关重要的品质，若不懂得隐忍，总是冲动行事，那么很难在复杂的环境中立足。

“胯下之辱”这个成语来源于西汉名将韩信的典故。据《史记》记载，韩信年轻时曾在家乡淮阴（今江苏淮安）游荡，生活无着落。一天，他在街头遇到了一个屠夫（一说为当地恶少）。屠夫见韩信身材高大却衣衫褴褛，便故意挑衅他，当众羞辱道：“你虽然长得高大，喜欢佩带刀剑，但其实是个胆小鬼！如果你不怕死，就用剑刺我；如果不敢，就从我的胯下爬过去！”面对屠夫的挑衅，韩信并没有冲动行事。他仔细打量了屠夫一番，然后低下头，从屠夫的胯下爬了过去。周围的人都嘲笑韩信胆小懦弱，但韩信却毫不在意，默默离开了。韩信之所以选择忍受“胯下之辱”，并非因为他胆小怕事，而是因为他胸怀大志，不愿因一时冲动而毁掉自己的未来。在他看来，与一个无赖争斗毫无意义，甚至会因此丧命或惹上麻烦。他选择忍耐，是为了保全自己，等待更好的机会。最后的结果大家也都知道了，韩信先后帮助刘邦平定三秦、击败项羽，为汉朝的建立立下了汗马功劳，被封为“淮阴侯”。

“胯下之辱”不仅是韩信个人经历的写照，也是中国传统文化中“忍辱负重”精神的象征。它告诉我们，在面对屈辱和挑战时，忍耐和克制并非懦弱，而是一种智慧和远见。

“下无忍莫立”所蕴含的道理对身处现代社会的我们有三点启示：第一，在工作和生活中，我们难免会遇到不公平的对待或挑衅，此时应该保持冷静和理智，避免因一时冲动而作出错误的决定。第二，专注于长远目标，不要被眼前的困难或屈辱困扰，忍耐和坚持是我们实现理想、走向成功的必备品质。第三，对于那些无意义的争执或羞辱，要学会放下，与其纠缠于小事，不如把精力放在更重要的事情上。

“上下知离，其位自安”，讲的是上位者与下位者相处的分寸。

在古代，君臣之间的关系若无分寸感，往往会出大问题。如果君主与臣子过于亲近，可能会导致权力失衡或猜忌；如果过于疏远，则可能导致沟通不畅或信息闭塞。例如，唐玄宗与杨国忠的关系过于亲密，导致杨国忠滥用权力，最终引发安史之乱。

在现代企业中，上下级之间保持一定的距离也是十分必要的，若上下级关系过于亲密，容易导致团队内部出现“小圈子”，影响组织整体的公平性和运作效率，只有以明确的规章制度和透明的沟通机制来限定上下级相处的分寸，才能实现高效的管理。

“君臣殊密，其臣反殃”，讲的是上下级亲密关系中的权力隐患。

君臣关系过密，臣子反而遭殃的古代人物的事例数不胜数，此处不再列举，主要谈一谈在现代背景下，上下级关系过密可能造成的负面影响。一是容易造成权力失衡，导致偏袒和不公。例如上级可能会在晋升、奖励等方面偏袒某个下属，忽视其他员工的贡献，导致出现不公平现象。二是导致“小圈子文化”。过于亲密的关系可能形成“小圈子”，影响团队的凝聚力，甚至导致团队分裂。三是下属可能会仗着与上级有亲密关系而滥用职权，甚至欺压其他同事。四是过于亲密的关系可能导致上级对下属的行为缺乏监督，从而滋生腐败或不当行为。五是过于亲密的关系可能引发其他员工的不满，甚至导致权力斗争，影响组织的稳定和发展。

“君臣殊密，其臣反殃”所蕴含的道理，与“上下知离，其位自安”是一脉相承的，因此，无论身处何地，我们都要拿捏好与上下级相处的分寸。

“小人之荣，情不可攀”，讲的是要远离小人，坚守正道。

“小人”，自然是指那些品德低下、心胸狭隘、为达目的不择手段的人，是“君子”的反义词。他们不遵循道德规范和伦理准则，行事多以自我利益为中心，不顾及他人感受和社会公义。“荣”在这里指的是荣耀，包括荣华富贵、地位等。“小人之荣”特指通过不正当的手段得来的荣耀，比如通过阿谀奉承、投机取巧、陷害他人得来的荣耀。“情”可理解为情感、情义，也可以宽泛地理解为人们内心的价值取向和道德情感。“不可攀”的意思是不可以去攀附、追随。“小人之荣，情不可攀”的完整意思是，从道德情感和价值判断的角度来看，小人通过不正当手段获取的荣耀等是不值得羡慕的，不应该与小人为伍。这是倡导人们要坚守自己的道德底线，秉持正确的价值观，不要被小人的表面风光所迷惑，要有自己独立的人格和道德操守，远离小人及其不良的行为和价值观。

3. 情存疏也，近不过己，智者无痴焉。情难追也，逝者不返，明者无悔焉。

译文

情感存在亲疏之分，但再亲近也不会超越对自己的关注，明智的人不会在情感上陷入痴迷的状态。感情一旦消逝就难以追回，过去的人和事不会回来，明智的人不会为此后悔。

“情”指情感、情谊，“疏”是疏远、淡薄之意。“情存疏也”的意思是情感即使存在，也可能是不深厚的，强调了情感关系中亲近程度的多样性。

人与人之间的情感，有浓有淡，即使某段关系看似亲密无间，实际上也可能存在疏离。例如，在家庭关系中，无论父母多么爱子女，子女又多么爱父母，父母与子女之间有时也难免会因观念有差异、生活节奏不同而产生沟通障碍。父母可能无法完全理解子女对新兴事物的热爱，子女也难以体会父母传统观念背后的深沉爱意，这种情感上的错位，便是“情存疏也”的体现之一。友情同样如此。曾经形影不离的好友为了生活各奔东西，有人远走他方，有人留守家乡，有朝一日再重逢，会发现虽仍觉亲切，但往昔那种可以无话不谈的亲密感已悄然淡去。

“近”可以理解为亲近、接近，“不过”的意思是不超过，“己”指自己。“近不过己”的意思是，与他人的亲近程度不会超过与自己的亲近程度，也就是说，人在情感上最关注、最亲近的对象其实是自己。这是人性中对自我关注的一种本能认知。在众多的情感关系中，人总是把自我放在最为重要的位置，不要期望他人对自己的关注能超越对他们自身的关注，对此要有清醒的认识。

人总是会把情感的天平向自己倾斜，这并非是因为自私，而是出于一种自我保护的本能。每个人都有自己独特的内心世界和内心需求，我们最能真切感受到的情感始终是自己的喜怒哀乐，基于此，在面临抉择时，人们首先考虑的往往是自身的利益和感受。比如一个员工在面对晋升机会时，即便与同事关系良好，也会为自己争取而不是谦让，因为他清楚，自身的发展对自己的生活有着最为直接和关键的影响。在社交场合中，我们会发现人们总是更热衷于分享自己的故事、成就，希望得到他人的关注与认可，这同样反映了人在情感上总是把自我摆在核心位置。

“痴”可理解为痴迷、不理智、过度执着等。“智者无痴焉”的意思是有智慧的人不会在情感方面陷入不理智的痴迷状态。智者能够清醒地认识到情感的本质，明白人与人之间的关系是有限度的，不会盲目地追求不切实际的亲密情感，也不会因为情感问题而失去理智，做出愚蠢的行为，而是能够以理性的态度看待情感和人际关系。比如，一个心智健康的人在遇到感情挫折时，不会长时间沉陷在痛苦之中无法自拔，而是能够迅速回归冷静并分析感情破裂的原因，从中吸取经验教训，继而调整自己的状态，重新出发。

“情难追也”，意思是若情感渐渐消逝，即便我们竭尽全力，也难以将其挽回。这四个字指出情感在发展过程中具有不可控性。“逝者不返”强化了“情难追”的无力感。“明者无悔焉”，则为我们指明了对待情感消逝的正确态度——别后悔，向前看。这也可以算得上是中国传统文化中“顺其自然”思想的体现。

实际上，我们可以从情感中跳脱出来，将“情难追也，逝者不返，明者无悔焉”蕴含的哲理扩展至更广泛的层面——无论是情感、时间还是机会，一旦失去就无法追回，真正明智的人都明白这个道理，因此不会对过去的事情感到后悔，而是专注于当下和未来。再细一点解读，这句话中有三层具有指导意义的哲理：

一是要珍惜当下。过去的事情已经无法改变，与其在后悔或怀念中沉溺，不如珍惜当下，把握眼前能抓住的机会。二是放下过去。过去的感情或经历可能确实让人难以释怀，但我们要明白，只有放下过去，才能轻装前行。三是面向未来。纠结于过去毫无意义，我们应该把曾经的经历视为宝贵财富而非遗憾，从中吸取前行的力量，迈向人生新阶段，创造新的精彩。

4. 多情者多艰，寡情者少难。情之不敛，运无幸耳。

译文

情感丰富的人往往会经历更多的艰难，情感淡薄的人则会少遇到一些困难。如果情感不能收敛，命运里就不会有幸运。

“多情者多艰”，说的是情感丰富的人更容易在生活中遭遇挫折和磨难，例如在情感上可能会经历更多的波折，在处理事情时也容易受情感因素影响而陷入困境。

《红楼梦》中的贾宝玉，就是“多情者多艰”的典型代表。贾宝玉的多情，使他一生充满艰难。在情感上，他与林黛玉情投意合，却因封建礼教与家族利益，无法与黛玉长相厮守。贾府安排的“金玉良缘”，致使黛玉香消玉殒，他也痛彻心扉。他对身边众多女子关怀备至，结果晴雯被逐、金钏儿投井，这一切都让他内心充满愧疚与痛苦。家庭与社会层面，贾府期望他走仕途之路振兴家族，可他厌恶官场，只钟情于与姐妹们吟诗作对。他的情感追求与家族期望相悖，贾政等长辈的严厉管教，让他感到压力重重。人生理想方面，大观园是他的理想世界，可随着贾府变故，姐妹们或死或散，曾经的欢乐时光一去不复返。贾宝玉对大观园的深情和对理想生活的向往，全都灰飞烟灭，他不得不面对理想世界崩塌后的痛苦和迷茫。

多情者之所以多艰，根本原因在于他们缺乏对情感的理性把控，容易受情感驱使，忽视了自身的需求和他人的感受。若人生道路上处处是情感的洪流，那自然是寸步难行。

“寡情者少难”中的“寡情”，并不是“寡情薄义”的意思，而是指能节制情感。寡情者并非无情之人，只是他们懂得控制自己的情感，不太容易被情感左右，有时候会因此显得“情感淡薄”。寡情者很少因情感牵扯而陷入复杂的人际关系或感情纠葛中，且能够更冷静、理智地看待和处理问题，所以遇到的困难会少一些。往更深的层次探究，这种“寡情”并不是冷漠，而是减少不必要的欲望和情感波动，专注于事物的本质，接近于庄子“顺应自然”“清心寡欲”

的思想，而这正是“寡情者少难”的核心原因。

《庄子·达生》中有一则“梓庆削木为鐻”的故事。梓庆是一位技艺高超的木匠，他制作的鐻（一种古代乐器，类似钟）精美绝伦，见到的人都惊叹说简直是鬼斧神工。鲁侯听说后，召见梓庆并问他：“你是用什么技艺做出如此精妙的鐻的?”梓庆回答说：“我只是一名普通的木匠，并没有什么特别的技艺。不过，我在制作鐻之前，会先斋戒静心。斋戒三天后，我便不再想着庆赏爵禄（功名利禄）；斋戒五天后，我便不再想着非誉巧拙（别人的评价和技艺的高低）；斋戒七天后，我便完全忘记了自己的四肢形体。这时，我心中没有任何杂念，甚至连朝廷的存在都忘记了。我的技巧完全专注于自然，然后进入山林，观察树木的天性，找到最适合制作鐻的材料。这时，鐻的形象已经在我心中成形，我才开始动手制作。我用自然之心去契合自然之材，所以做出的鐻才被认为是鬼斧神工之作。”

这个故事生动地说明了只有减少情感的干扰，顺应自然规律，保持内心的平静，才能避免不必要的麻烦和困难（即“少难”），把事情做好。

“情之不敛，运无幸耳”强调了情感控制的重要性。人如果无法控制自己的情感，任由情感泛滥，那么很容易做出一些冲动、不理智的行为，这些行为极有可能改变命运的走向，而且是走向不好的方向。

例如，有些人在感情破裂后，无法接受现实，被愤怒和仇恨的情感所支配，采取极端的手段来报复对方，如暴力伤害、跟踪骚扰等。这些行为不仅伤害了他人，也会让自己锒铛入狱，本来美好的人生毁于一旦。有些人在工作中受不了一点点的气，与领导发生了小小矛盾就愤而辞职。然而，在辞职后，他们才发现，自己可能再也找不到比原来更好的工作了。这类因情感失控而导致命运发生转折的事例，在现实生活中比比皆是。

故而，无论是在工作中还是在生活中，我们都务必要做好情感管理，学会控制自己的情感，避免因一时的情绪波动而做出错误的决定，这也是人生成功和幸福的关键。

蹇卷第七

1. 人困乃正，命顺乃奇。以正化奇，止为枢也。

译文

人生遭遇困难挫折是正常的，命运一直顺遂反倒是奇怪的。用正确的策略去改变逆境，关键在于懂得“止”的智慧。

“人困乃正，命顺乃奇”，意思是人生处于困厄、艰难的状态是正常的事情，而命运总是一帆风顺、毫无波折则是出人意料、很罕见的。这句话的核心并非阐述事实，而是想告诉我们，接受“经历逆境是人生常态”这个事实，并迎难而上，去克服一切艰难困苦。在困境中，人往往能够更加深刻地认识自己，挖掘出自身的潜力。

《孟子》中有云：“故天将降大任于是人也，必先苦其心志，劳其筋骨，饿其体肤，空乏其身，行拂乱其所为，所以动心忍性，曾益其所不能。”这句话清晰地表明，困境是上天考验和磨砺人的一种方式，能在困境中砥砺前行者，才有可能取得非凡成就。

司马迁因李陵之祸，被处以宫刑。这对于一个士大夫来说，是奇耻大辱，是人生中极其沉重的打击。但司马迁忍辱负重，发愤著书，在困境中凭借着顽强的毅力和坚定的信念，完成了被誉为“史家之绝唱，无韵之《离骚》”的《史记》。这部史学巨著记录了从上古传说中的黄帝时期到汉武帝太初四年间长达三千多年的历史，是司马迁在困境中绽放出的生命之花。

从传统文化的角度来看，既然困境是人生常态，那么接受困境就是道家所强调的“顺应自然”，我们也应顺应这种人生常态，用平和的心态去面对，通过困境来提升自己的修养和能力。

与困境相对的顺遂，在传统文化的认知里，并非人生的常态，而是一种难遇的情况。但当我们身处顺境时，不可得意忘形，因为《老子》有云：“祸兮福之所倚，福兮祸之所伏。”人生的境遇往往是祸福相依的，顺遂之中可能隐藏着危机。当一个人处于顺境时，如果不能保持头脑的清醒，那么很容易出问题。

北宋时的寇准，年少成名，才华横溢，仕途也是一路顺遂。宋太宗时期，寇准因刚直不阿、敢于直谏而深受赏识，年纪轻轻便身居要职，到了宋真宗年间，更是官拜宰相。在澶渊之役中，寇准力排众议，坚决主张真宗亲征，极大地鼓舞了宋军士气，最终促成宋辽和议，为北宋赢得了较长时间的和平局面，他也因此声望达到顶点，备受尊崇。然而，长期的顺遂让寇准逐渐放松了对朝堂局势的警惕，行事风格也发生了变化，愈发刚愎自用，树敌众多。加之他不善于在复杂的政治斗争中周旋，最终被政敌丁谓等人排挤，多次被贬，远至雷州半岛。曾经位极人臣、风光无限的他，晚年却在偏远之地凄凉离世。

“以正化奇，止为枢也”，这句话是进一步阐述陷入困境的应对之策。当陷入困境时，我们要用正确的态度、方法去化解，实现从困境到顺遂的转变。

“以正化奇”中的“正”指正确的策略，包括正确的态度、正确的方法和正确的价值观。

首先，要有正确的态度。我们要保持积极乐观的心态，相信困难只是暂时的，只要坚持不懈，就一定能够克服它。

在面对挫折时，不能自怨自艾、一蹶不振，而是要勇敢地正视问题，积极寻找解决办法。其次，要有正确的方法。我们要根据具体的困境，制定合理的解决方案。在解决问题的过程中，要善于学习和借鉴他人的经验，同时也要发挥自己的创新思维。最后，要有正确的价值观。在困境中，我们要坚守道德底线，不被眼前的利益所诱惑，不采取不正当的手段来解决问题。

在“以正化奇”的过程中，“止”是关键所在。这里的“止”，有适可而止、懂得取舍等多重含义。

适可而止，意味着在面对困境时，我们要避免盲目冲动，不做无谓的牺牲。当我们在追求目标的过程中，发现某些方法或行为已经无法取得预期的效果，甚至可能会带来更大的损失时，我们要及时停下来，调整策略。例如，在投资领域，一些投资者在发现自己的投资决策出现错误，股票价格持续下跌时，不能及时止损，而是继续追加投资，希望能够挽回损失，结果越陷越深，最终遭受巨大的经济损失。而那些懂得适可而止的投资者，会在发现问题时果断卖出股票，避免损失进一步扩大。

懂得取舍，意味着当身处困境时，我们要明确自己的目标和重点，放弃一些不必要的东西，集中精力解决关键问题。例如，我们在择业时，可能会同时面临多个工作机会，每个机会都有其优点和缺点，此时，我们就要根据自己的兴趣、能力和职业规划，权衡利弊，放弃那些看似诱人但与自己目标不符的机会，投身于能够实现自己价值的行业，如此才能在职业生涯中取得成功。

人的一生充满了未知与变数，顺逆交替、悲喜交加是常事，但只要我们能够运用传统文化中的智慧，以积极的心态面对困境，以清醒的头脑应对顺境，以“止”为枢，把握好人生的方向，就一定能够在人生的舞台上绽放出属于自己的光芒，实现生命的价值与意义。

2. 事变非智勿晓，事本非止勿存。天灾示警，逆之必亡；人祸告诫，省之固益。躁生百端，困出妄念，非止莫阻害之蔓焉。

译文

事情的变化如果没有智慧就无法知晓，事情的根本如果不懂得适可而止就无法存续。天灾是一种警示，违背它必然走向灭亡；人祸是一种告诫，反省它必定有益处。急躁会滋生出各种问题，困境中会产生荒谬的念头，不懂得适可而止就无法阻止危害的蔓延。

世事如滔滔江水，奔腾不息，时刻处于变化之中。从宏观的社会发展、科技革新，到微观的个人生活、人际关系，各个领域的变化层出不穷，而能否洞察这些变化，关键在于是否具备智慧。这就是“事变非智勿晓”告诉我们的道理。

曾经，传统制造业占据主导地位，人们依赖大量的人力进行生产。然而，随着人工智能技术的不断突破，自动化生产逐渐成为趋势。那些具备敏锐洞察力和创新智慧的企业早早布局人工智能领域，投入研发资源，对生产流程进行智能化改造，大幅提高了生产效率，降低了人力成本，在行业变革中成功抢得先机。相反，一些企业因循守旧，缺乏对科技发展趋势的智慧判断，未能及时跟上变革步伐，最终在激烈的市场竞争中被淘汰。

共享经济兴起之后，有聪明的商家就意识到社会的消费观念已经发生了巨大改变，从这一变化中洞察到了机遇。家具巨头宜家突破传统零售思维，推出家具租赁服务，将“一次性销售”转为长期服务定制，既降低了消费者门槛，又通过循环利用产品实现了利润的增长；工具制造商喜利得通过“工具即服务”进行转型，企业可按需租赁设备而不必购买，交纳服务费即可，以帮助客户缓解资金压力的方式构建起新的持续盈利模式。

在文化艺术领域，同样需要智慧来感知变化。随着互联网的普及，新媒体艺术应运而生。年轻一代的艺术家们凭借对时代潮流的敏锐感知，利用数字技术、虚拟现实等新兴手段进行创作，打破了传统艺术的表现形式，创造出全新的艺术作品，带来全新的艺术体验。

以上都是典型的以“智”知“变”的事例。不过，智慧并非与生俱来的，要想做个有智慧、能及时感知世事变化的人，我们需要不断学习、积累经验，培养敏锐的观察力和深刻的思考能力。

任何事物都有其存在和发展的根本，而要维持这个根本，适可而止至关重要，无论是个人的行为、企业的经营，还是社会的发展，都需要遵循这一原则。这是“事本非止勿存”告诉我们的道理。

从个人层面看，追求物质财富是生活的一部分，但如果过度追求，就会失去生活的本真。一些人在消费主义思潮的影响下，盲目追求名牌、奢侈品，或为了满足虚荣心，不断购买超出自己经济能力的物品，忽视了储蓄、投资等对未来生活具有重要影响的东西。相反，那些懂得适可而止的人，会根据自己的实际需求和经济状况进行消费，既注重生活品质，也注重给未来的发展打基础。例如，他们在购买电子产品时，不盲目追求最新款、最高配置，而是选择性价比高，能够满足自己日常使用需求的产品，将节省下来的资金用到学习提升、旅游拓宽视野等更有意义的事情上。

从企业经营层面看，适可而止关乎企业的生存与发展。企业追求利润无可厚非，但不能以牺牲产品质量和企业信誉为代价。一些食品企业为了降低成本、追求更高利润，过度使用添加剂、劣质原料，在短期内获得了巨大的经济利益，但被曝光后品牌形象遭受重创，最终倒闭。曾经风光无限的奶粉生产企业三鹿集团就是一个教训。

从社会发展的角度看，人类对自然资源的开发利用也需要适可而止，才能实现社会的可持续发展。长期以来，人类为了追求经济增长，过度开采矿产资源、砍伐森林、污染水源，导致生态环境恶化，温室效应、生物多样性减少等问题日益严重，给人类的生存和发展带来了巨大威胁。近年来，各国也逐渐认识到可持续发展的重要性，开始倡导绿色发展理念，限制对自然资源的过度开发，加强环境保护。例如，我国大力发展可再生能源，减少对化石能源的依赖；倡导“绿水青山就是金山银山”的理念，大力开展生态文明建设。

“天灾示警，逆之必亡”，说的是要敬畏自然，顺应自然规律。天灾，如地震、洪水、台风、海啸等，是大自然对人类的警示。这些自然灾害往往具有巨大的破坏力，给人类的生命财产带来严重损失。它们提醒着我们，人类在自然面前是渺小的，必须敬畏自然，顺应自然规律，否则将遭受灭顶之灾。

历史上，许多文明的衰落都与破坏环境导致自然灾害有关。例如，古代玛雅文明曾经辉煌一时，但当时的玛雅人过度开垦土地、砍伐森林，造成了生态环境恶化，水土流失严重，农业生产受到极大影响。后来干旱等自然灾害频繁发生，玛雅人的社会陷入混乱，导致 玛雅文明最终消失。在现代社会，虽然人类的科技已取得了巨大进步，但我们依然无法完全抵御天灾的侵袭。2021 年，美国得克萨斯州遭遇罕见的暴风雪袭击，因电力基础设施也扛不住极端寒冷天气，导致大面积停电，多人在严寒中被冻死或是因缺氧死亡。这一事件凸显了人类在面对天灾时的脆弱，也警示我们必须重视大自然的巨大威力。

我国在应对天灾方面有着丰富的经验和深刻的教训。1998 年，长江流域发生特大洪水，造成了巨大的人员伤亡和财产损失。这场洪水的发生与上游地区森林被大量砍伐导致水土流失，以及中下游地区围湖造田等破坏生态环境的行为密切相关。此后，我国加强了对生态环境的保护，实施了退耕还林、退田还湖等一系列措施，提高了生态系统的稳定性和抗灾能力，同时不断完善灾害预警机制和应急救援体系，提高了应对天灾的能力。这些举措体现了我国对天灾的重视，以及顺应自然规律、保护生态环境的决心。

“人祸告诫，省之固益”，这是警示我们，要从人祸中吸取教训。人祸是人类自身行为导致的灾难，如战争、经济危机、社会冲突等。这些灾难对社会造成巨大的破坏，也给人们带来极大的痛苦。每一次人祸都是对人类的一次深刻告诫，我们若能从中反省，必将受益匪浅。

战争是最具破坏力的人祸之一。两次世界大战给世界带来了毁灭性的打击，数以亿计的人伤亡，无数家庭流离失所，全球经济遭受重创。残酷的战争让人们深刻认识到和平何其珍贵。第二次世界大战后，各国积极推动建立国际秩序，成立了联合国等国际组织，旨在维护世界和平与安全。同时，各国之间加强了经济、文化等领域的交流与合作，通过和平谈判解决国际争端，尽量避免再次发生大规模战争。

社会动荡也是人祸。在一些国家和地区，政府管理不力，造成社会贫富差距过大，种族矛盾、宗教冲突等也频繁发生，社会长期处于动荡不安的状态，经济也停滞不前甚至倒退。有的国家的新政府上台后懂得反思，开始重视社会问题，采取措施缩小贫富差距，促进不同种族、宗教信众和谐共处，如通过税收政策调节收入分配，加大对教育、医疗等公共服务的投入，提高弱势群体的生活水平，加强文化交流和教育等，使社会逐渐趋稳，国家得以发展。有的国家则是无论政权如何更迭，社会形势依然一成不变，原因是不管哪个政府上台，都从不吸取教训。

“躁生百端，困出妄念，非止莫阻害之蔓焉”，这句话是告诉我们，要克制情绪，坚守正道。

在遇到挑战时，人容易变得急躁，但急躁会导致一系列问题发生。在工作中，急躁可能造成严重的后果。例如，在一场重要的商务谈判中，一方代表急于达成协议，没有仔细审查合同条款就签了字，结果在后续的合作中才发现合同存在漏洞，对方给自己挖了坑，但已是追悔莫及，公司最终遭受了巨大的经济损失。在生活中，急躁会影响人际关系。一些人在与家人、朋友相处时，常常会因为对方一时间跟不上自己的节奏、达不到自己的期待就发脾气，导致关系紧张。比如，父母在辅导孩子作业时就很容易急躁，完全忘了孩子年龄还小，理解能力有限，动不动就大声斥责孩子，这不仅会伤了孩子的自尊心，还会影响亲子关系。

在困境中，人又容易产生不切实际的妄念。比如，一些人在失业后，经济压力剧增，对未来无比焦虑，于是疯狂买彩票，幻想着中大奖，一夜暴富，又或者对那些承诺“高回报”的虚假投资项目深信不疑，押上全部身家。然而，这些妄念往往会让人陷入更深的困境——买彩票的人不仅没有中奖，反而花费了大量的金钱，导致经济状况恶化；轻信“高回报”投资项目的人被骗光了积蓄，生活陷入绝境。

要免受急躁和妄念的危害，就必须懂得适可而止，克制情绪，坚守正道。为此，我们不妨尝试以下一些修炼内心的方法。

一是冥想静坐。在传统文化中，冥想静坐是一种重要的修身方式。道家讲究“致虚极，守静笃”，认为只要安静地坐下，摒弃杂念，精神专注于自己的呼吸，便能让浮躁的内心逐渐平静下来。我们可每天抽出 15 ~ 30 分钟，找一个安静的角落，盘腿而坐，闭上眼睛，当杂念出现时，不必刻意驱赶，将注意力往呼吸上引导即可。长期坚持，可有效增强对情绪的觉察力和控制力，即能及时察觉自己情绪的变化并加以克制。

二是学习传统艺术。常见且易习的传统艺术有书法、绘画、茶道等。书法要求心无旁骛，一笔一画皆需专注，能让人在书写过程中达到平心静气的境界。绘画时人可以将内心的情感通过色彩和线条表达出来，避免情绪积压。茶道里，从洗茶、泡茶到品茶的每一个步骤都有严格的礼仪规范，学习茶道，人会变得更加耐心与沉稳。

三是从小事做起。在日常生活中，遇到排队等待、交通堵塞等容易让人急躁的情况时，将其视为锻炼自己的机会。每一次成功克制情绪，都是自控力的一次提升。例如，排队结账时发现队伍前进缓慢时，不要抱怨，可以转头观察周围环境，或看看手机，转移注意力，保持心态平和。

四是制定行为准则。依据传统文化中的道德规范，如儒家的“仁、义、礼、智、信”，制定适合自己的行为准则。当面临选择或情绪波动时，对照行为准则进行思考和判断。比如，当与他人发生矛盾，情绪激动想要争吵或动手前，先想想这么做是否合乎礼数，自己是否做到了仁义在先，尽量克制自己的言行，以友善和理智的方式解决问题。

五是自我反省。曾子说：“吾日三省吾身：为人谋而不忠乎？与朋友交而不信乎？传不习乎？”我们没那么多时间进行“三省吾身”，但做一次还是可以的。具体做法是每天晚上花10~15分钟的时间来回顾自己一天中的各种行为，思考自己在哪些情况下情绪失控，哪些行为偏离了正道，针对这些问题进行反思，分析原因，并制定改进措施。

3. 视己勿重者重，视人为轻者轻。患以心生，以蹇为乐，蹇不为蹇矣。

译文

不把自己看得过重的人，反而会被他人看重；把别人看得轻贱的人，自己也会被人轻视。祸患往往是由内心产生的，如果能把艰难困苦当作一种历练从而乐在其中，那么艰难困苦也就不算是艰难困苦了。

“视己勿重者重，视人为轻者轻”，这句话蕴含的哲理与人际交往和自我认知紧密相关，说的是越谦逊低调，越容易赢得尊重，越看不起别人，越被别人看不起。

从心理学的自我认知理论来看，个体对自己的评价往往会影响其外在行为表现。那些将自己看得过重的人，过度聚焦于自身的优势，形成了一种膨胀的自我认知，体现在行为上便是以自我为中心，喜欢彰显自己的地位、能力与成就，在各种场合都试图成为焦点，对他人的意见和感受置之不理。这种行为模式违背了社会交往中的互惠原则——人际交往本质上是一种交换过程，人们期望在交往中获得的回报与付出达到平衡。

例如，在企业的团队项目讨论中，部分成员一味强调自己过往的成功经验，固执地坚持自己的观点，丝毫不给其他成员表达想法的机会，在做成果汇报时又将大部分功劳揽到自己身上，其他团队成员贡献了想法、协助推进项目等，却未能从这些成员处获得尊重、认可等相应的“回报”。这种过度自负、自我膨胀的行为，满足了其虚荣心，却招致团队成员的不满与反感。长此以往，被孤立是必然的，不要说获得尊重与认可，个人的职业发展还可能会因此受到阻碍。相反，那些不把自己看得过重的人，更容易因其所展现出的谦逊、低调的品质而大受欢迎。这一类人深知“人外有人、天外有天”，基于对客观世界的认知，理性地进行自我定位。他们在团队合作中，愿意为了集体利益默默奉献，不刻意争抢功劳，当团队取得成绩时，总是将荣誉归功于全体人员。这种不重自我、顾全大局的行为，满足了大部分团队成员的心理预期，使他们在群体中赢得广泛的赞誉与尊重。

看轻他人是一种狭隘且短视的行为，其结果往往是自己也被他人轻视。从社会心理学的角度分析，这种行为源于个体错误的社会认知，行为意图是通过贬低他人的价值来抬高自己在心理上的地位。这类人常常以傲慢的态度对待他人，对他人的努力、成就不屑一顾，在言语和行为上都表现出明显的轻蔑。

在一些公司里，有些管理者自恃地位高、权力大，总是对基层员工呼来喝去，不尊重员工的劳动成果，随时随地批评员工，完全不顾及员工的尊严。这种行为严重违背了马斯洛需求层次理论中人对“尊重”的需求。他们不知道，员工工作的目的不仅是追求物质报酬，更渴望得到尊重与认可。管理者的这种行为不仅严重打击了员工的工作积极性，还会引发员工的反感与抵触情绪。对这样的管理者，员工表面上服从，内心却充满厌恶，极度看不起。

我们身处一个多元化的社会，每个人都有自己的生活方式、价值观和追求，但无论从事何种职业、处于何种社会阶层的人，都应该得到尊重。我们应平等、友善地对待每一个人，给予他们尊重。这不仅仅是一种道德要求，更是一种智慧的处世方式，它能为我们营造良好的人际关系和社会环境，让我们在人生道路上走得更加顺畅。

“患以心生，以蹇为乐，蹇不为蹇矣”，谈论的是人们面对困境时该以何种心态应对。

内心的状态对我们的生活有着至关重要的影响，许多祸患源于我们内心的负面情绪与错误的认知。心理学中的情绪理论认为，焦虑、贪婪、恐惧、嫉妒等情绪就如同隐藏在内心深处的定时炸弹，随时可能爆炸，给我们的生活造成破坏。

焦虑情绪在现代人身上普遍存在，大众对其“为祸”的认识比较深。随着生活节奏的加快和竞争压力的增大，许多人陷入了焦虑的旋涡。依据压力与应对理论，当个体面临的压力超过自身应对能力时，就容易产生焦虑情绪。一些职场人士长期处于高强度的工作状态，对当下和未来都感到迷茫，心中充满焦虑。他们担心自己会被淘汰，担心无法达到他人的期望。这种过度的焦虑不仅影响了他们的身心健康，导致失眠、狂躁等问题，还会影响他们的工作表现，甚至影响家庭关系。

贪婪也是滋生祸患的重要因素。从行为经济学的角度来看，当人们被贪婪蒙蔽双眼时，会为了追求更多的物质财富、权力或其他利益而不顾道德和法律的约束。前面提到，在商业领域，一些企业为了追求利润最大化，不惜采用不正当手段，如生产假冒伪劣产品、偷税漏税、欺诈消费者等，祸害他人，也必将祸害自己。个人层面亦是如此，一些人因贪婪陷入赌博、非法集资等陷阱，不仅失去了多年的积蓄，还背上沉重的债务，最终家破人亡。

恐惧和嫉妒的负面影响同样不可小觑。恐惧会让我们失去勇气和信心，不敢面对挑战，错过许多成长和发展的机会；嫉妒则会腐蚀我们的心灵，让我们陷入痛苦和怨恨之中，无法享受生活的美好。

那么，身处困境时，我们应该怎么办呢？当然是“以蹇为乐”，用乐观心态待之，将“蹇不为蹇矣”，就不会觉得困苦了。

如果我们能够以乐观积极的心态看待困境，将艰难困苦视为成长的机遇和人生的历练，那么困境就不再是痛苦与阻碍，反而能成为我们前进的动力。

1982 年，尼克·胡哲出生时震惊了所有人——这个澳大利亚男孩天生没有四肢，像一尊未完成的雕像。年少时，他在浴室尝试用额头撞击水龙头自杀，却在即将昏厥时突然醒悟："如果连死亡都需要勇气，为什么不用这份勇气活下去?"后来，他凭借着顽强的毅力和乐观的心态，学会了独立生活，还成了世界著名励志演说家，足迹遍布全球，用演讲激励了无数人。他的办公室里挂着一幅带着自嘲意味的漫画——"无肢超人对战章鱼博士"。他在自传《人生不设限》中写道："真正的残疾，不是没有四肢，而是放弃希望。"

用心理学上的自我效能感理论来解释，尼克·胡哲通过不断挑战自我，完成看似不可能的任务，逐渐建立起了强大的自我效能感，相信自己能够克服困难，实现目标。他将身体的残疾视为磨砺自己意志的机会，以积极的心态去拥抱生活，最终实现了自己的人生价值，赢得了全世界的尊重与赞誉。

漫漫人生路"道阻且跻"，我们一定要正确认识自己，谦逊待人，同时要时刻关注自己的内心世界，消除负面情绪，以乐观积极的心态面对生活中的艰难困苦。只有这样，我们才能化解内忧外患，成功实现预设的目标。

4. 穷不言富，贱不趋贵。忍辱为大，不怒为尊。蹇非敌也，敌乃乱焉。

译文

穷困时不要谈论富有的话题，地位低下时不要去攀附权贵。能够忍受屈辱是一种伟大的品质，不轻易发怒则是一种尊贵的修养。艰难困苦并不是真正的敌人，真正的敌人是内心的慌乱。

“穷不言富，贱不趋贵”，看似简单的话语，实则蕴含为人处世的大道理。在现实生活中，经济上的贫困与社会地位的卑微往往是许多人面临的困境。然而，如何在这样的境遇中保持头脑的清醒和正确的言行，这句古训给出了明确的答案。

当处于穷困状态时，倘若总是谈论自己富贵时的情况，或是过度憧憬未来的富裕生活，而忽略了当下的实际行动，这无疑是一种不切实际的表现。从心理学角度来看，这种行为可能源于内心对现状的不满与逃避，试图通过对过去或未来的幻想来获得暂时的心理慰藉。但实际上，这不仅无法改变穷困的现实，反而会让自己陷入一种消极的循环中。例如，一些失业后陷入经济困境的人，整日在他人面前吹嘘自己曾经在职场上的辉煌，或是幻想自己否极泰来、飞黄腾达的场景，却不愿意脚踏实地去寻找新的工作机会、学习新的技能，这种做法不仅无法改善自身的经济状况，还会给周围的人留下不务正业、怨天尤人的印象，进一步阻碍自己走出困境的步伐。真正明智的人，即便身处困境，也会专注于当下，努力寻找解决问题的方法，凭借自己的努力和智慧逐步改善生活。他们明白，只有通过实际行动，才能真正改变自己的命运，而不是沉浸在虚幻的想象之中。

同样，当地位卑贱时，若一心去攀附权贵，也是不可取的。总有一些人觉得自己的社会地位低，试图通过与权贵建立联系来提升自己的地位及获取利益。然而，这种行为往往是以牺牲自己的尊严和原则为代价的。从社会学的角度分析，攀附权贵者在社会关系中处于劣势，他们与权贵者之间难有真正的情感交流或价值认同，或许能得到权贵者的提携，但难以真正获得尊重与认可。而且，一旦失去权贵的庇护，他们往往会陷入更加艰难的境地。

“忍辱为大，不怒为尊”，其义是能够忍受屈辱者才是能成就大事的人。

在人生的旅途中，我们难免会遭遇各种屈辱和不公，此时，如何应对成了考验我们内心力量的试金石。能够“忍辱”与“不怒”者，才有成大事的潜质。

能够忍受屈辱是一种非凡的品质，历史上许多仁人志士正是凭借着忍辱负重的精神，成就了一番伟大的事业。

明正德元年，王阳明因触犯权宦刘瑾，被贬至贵州龙场驿。这个处于“瘴疠之地”的驿站连像样的住所都没有。王阳明在《瘗旅文》中写道，此地“连峰际天兮，飞鸟不通”，生存环境之恶劣可见一斑。更残酷的是，刘瑾仍派人尾随追杀，他的生死悬于一线。王阳明在龙场驿经历了一场精神炼狱。他在石棺中静坐悟道，以秉持“事上磨炼”的哲学态度，将政治迫害转化为思想突破的契机。这种“动心忍性”的智慧，使他在极端困境中完成“心即理”的核心命题，创立了影响东亚思想界五百年的心学体系。

王阳明有言：“破山中贼易，破心中贼难。”职场霸凌、创业失败等“现代屈辱”，又何尝不是“破心中贼”的修行道场？

实际上，“忍辱为大，不怒为尊”中还蕴含着超越情绪本能的深层智慧。

现代神经科学研究揭示，愤怒会引发杏仁核劫持现象，导致前额叶皮层功能抑制。这意味着人在盛怒状态下，决策能力会退化至原始水平。华为创始人任正非在遭遇女儿被非法拘押、公司遭全球围剿时，仍要求团队“保持微笑，专注补洞”，将危机转化为技术突破的契机，正是“不怒为尊”的当代演绎。

如果我们越过“怒”的情绪层面，就能领悟到“不怒”并非压抑情绪，而是如王阳明所言“在事上磨，方立得住”的主动修炼。《世说新语》记载，谢安与友泛舟遇风浪，众人惊慌失措，唯谢安神色自若，最终化险为夷。这种“每临大事有静气”的修养，恰是古今成事者的共同特质。

真正的“不怒”境界，是苏轼“回首向来萧瑟处，归去，也无风雨也无晴”的通透，是特蕾莎修女面对诋毁时“他们不懂，所以才会这样说”的慈悲。当现代人遭遇网络暴力或职场倾轧时，与其困在“愤怒—报复”的恶性循环中，不如效仿敦煌壁画中的菩萨低眉，以智慧转化嗔念，用定力开辟新局。

“蹇非敌也，敌乃乱焉”深刻揭示了我们在面对困境时应有的正确认知和态度。

生活中，艰难困苦如影随形，失业、疾病、经济危机等各种困境常常给我们带来巨大的压力和挑战。然而，我们往往错误地将这些困境视为最大的敌人，却忽略了真正的敌人其实是我们内心的慌乱。

当我们遭遇困境时，内心的慌乱会让我们失去方向，无法冷静地分析问题及寻找解决办法。例如，在创业过程中，资金链断裂是许多创业者面临的巨大困境。此时，如果创业者内心慌乱，盲目地采取一些不恰当的措施，如病急乱投医地寻找不靠谱的投资、匆忙削减关键业务成本，可能会让企业陷入更大的危机。相反，如果创业者能够保持冷静，理性地分析困境，积极寻找解决问题的方法，如拓展多元化的融资渠道、优化业务流程以提高效率、降低运营成本等，就有可能脱离困境，迎来转机。从心理学的角度来看，当我们处于慌乱状态时，大脑会被负面情绪占据，思维变得混乱，无法有效地调动自身的资源和能力，而保持冷静和镇定，能够让我们充分发挥自己的智慧和潜力，更好地应对困境。

三国时期，诸葛亮在司马懿大军压境而城中兵力空虚的危急情况下，没有丝毫慌乱，而是镇定自若地摆出空城计。他深知，在这种敌强我弱的形势下，慌乱只会让局势更加恶化。他凭借着过人的胆识和智慧，利用司马懿多疑的性格特点，成功地吓退了敌军。这个故事告诉我们，困境并不可怕，只要我们能够保持内心的镇定，运用智慧去应对，就有可能化险为夷。

除了个人可能遇到困境，我们还可能与他人共同面临困境，如遇上突发的自然灾害、公共卫生事件等。在这些困境面前，保持冷静和镇定，不仅能够帮助自己更好地应对危机，还能给身边的人带来信心和力量。

《道德经》中有一句话："胜人者有力，自胜者强。"意思是真正的强者，并非能战胜外境之人，而是能驯服内心的慌乱与傲慢，在困境中保持"静水流深"的定力之人。此话与"蹇非敌也，敌乃乱焉"异曲同工。"蹇"非敌，反而是淬炼心性的道场；"乱"不生，自有拨云见日的转机。

释怨卷第八

1. 世之不公，人怨难止。穷富为仇，弥祸不消。

译文

世间的不公平，使得人们的怨恨难以平息。穷人与富人之间的对立，导致祸患无法消除。

“世之不公，人怨难止”一句指出，若社会公平失衡，必将令大众情绪起波澜。

社会公平与大众情绪之间存在紧密的联系。社会公平是社会和谐稳定的基石，在现代语境下，它涵盖了资源分配、机会获取、权益保障等多个方面。当这些方面出现明显的不公平现象时，便会引发民众的负面情绪。

例如，在教育资源分配领域，城乡之间、区域之间存在巨大差距便是一种社会不公的体现。在一些经济发达的城市，学校配备了现代化的教学设施，多媒体教室、实验室一应俱全，拥有学历高、教学经验丰富的教师队伍，学生能够接触到前沿的知识和多元化的学习资源，还能参加各类丰富多彩的课外活动。而在偏远的农村地区，许多学校的教室破旧不堪，教学用具简陋，师资力量匮乏，优秀教师留不住，一些基本的课程如英语、艺术等都难以正常开展。这种教育资源的巨大落差，使得农村孩子从一开始就输在了起跑线上。对于那些渴望通过教育改变命运的农村家庭来说，这无疑是一种不公平。他们看着城市孩子享受优质教育，自己的孩子却面临重重困难，心中有不满情绪滋生自然是难免的。这种不满会从教育资源分配层面蔓延至社会制度和政策层面。

医疗资源的分配存在同样的问题。大城市的三甲医院，集中了大量的顶尖医疗专家、先进的医疗设备，能够为患者提供全方位、高质量的医疗服务。然而，在一些偏远地区的基层医院，医疗设施陈旧落后，医生数量不足且专业水平有限，连许多常见疾病的诊断和治疗都存在困难，更不用说应对复杂的疑难病症了。偏远地区的患者因当地医疗条件有限，不得不长途跋涉前往大城市就医，面临挂号难、看病贵、住院难等诸多问题，他们心中也会生出诸多不满情绪。

他们认为自己作为公民，在医疗权益上没有得到公平对待。这种不公平感可能会引发民众对整个医疗体系的不信任，甚至可能导致一些社会矛盾激化。

还有就业机会上的不公平问题。一些大型企业在招聘过程中，存在着学历歧视、性别歧视、地域歧视等现象。例如，某些企业只招聘名校毕业生，对于非名校出身但能力并不逊色的求职者却不予考虑；一些企业在非特殊岗位上也只招男性，女性求职者即使具备与男性求职者相同甚至更优秀的能力，也被拒之门外；还有一些企业对来自某些特定地区的求职者存在偏见，无端设置障碍。这种就业歧视使得许多求职者失去了公平竞争的机会，他们为了获得一份工作，付出了很多的努力，最终却得不到认可，心中的无奈和怨念之盛可想而知，而这种负面的情绪会对社会的人才流动和经济发展产生负面影响。

“穷富为仇，弥祸不消”一句指出，贫富差距导致的社会矛盾具有极大的危害性。

当社会的贫富差距不断拉大且缺乏有效的调节机制时，穷人与富人之间极易产生对立情绪，甚至演变成相互仇视的局面，由此引发的灾祸也将不断蔓延。

在一些城市的房地产开发项目中，开发商和富裕阶层在利益分配中占据主导地位，而普通居民尤其是贫困家庭往往成为利益受损的一方。在拆迁过程中，部分开发商为了追求利润最大化，给予拆迁户的补偿标准过低，导致一些贫困家庭失去了原本的住房保障，生活陷入困境。有些贫困家庭看着开发商和相关利益集团赚得盆满钵满，自己却流离失所，心中的仇富情绪迅速滋生。他们认为社会对自己不公平，富人的财富积累是以牺牲他们的利益为代价的。这种贫富之间的对立情绪如果得不到妥善处理，就可能引发群体性事件，如大规模的抗议、上访等，严重影响社会的和谐稳定。

贫富差距还会对社会的经济发展产生负面影响。贫富差距越大的地方，社会越不稳定，这会影响投资者的信心，妨碍资本的流入和产业的发展。试想，一个充满矛盾和冲突的社会环境，肯定会不利于企业的正常经营和创新发展，企业主怎么敢下决心投资呢?

那作为普通大众一员的我们，该如何看待社会不公和贫富差距这一问题呢？我们需要用客观的眼光、正确的心态来看待。

首先，我们要认识到社会的发展是一个动态的过程，公平也是相对的。在社会发展的不同阶段，会出现不同的问题，公平的标准和实现程度也会有所不同。我们不能因为存在一些不公平现象，就对整个社会失去信心。例如，随着我国经济的快速发展，政府越来越重视社会公平问题，出台了一系列政策措施来促进教育公平、医疗公平和就业公平。在教育方面，实施了农村义务教育薄弱学校改造计划、贫困地区定向招生专项计划等，努力缩小城乡、区域之间的教育差距；在医疗领域，推进了医疗保障制度的全覆盖，加强了基层医疗卫生机构的建设，提高了农村和偏远地区的医疗服务水平；在就业方面，加大了对就业困难群体的扶持力度，打击就业歧视行为，为劳动者提供更加公平的就业环境。这些政策措施的实施，虽然不能完全消除社会不公，但在一定程度上缓解了矛盾，促进了社会的公平正义。我们应该看到社会在不断进步，公平的实现程度也在逐步提高。

其次，我们要以理性的态度看待贫富差距。贫富差距的存在有其复杂的原因，既包括个人的能力、努力程度等因素，也受到社会制度、经济结构等客观因素的影响。富人中有通过自身努力和创新获得财富的，他们为社会创造了价值，推动了经济的发展，我们应该尊重他们的劳动成果。另外一些富人的财富积累过程可能存在问题，如获得不合理的收入分配、偷税漏税等，这些问题需要通过完善法律法规和加强监管来解决。对于穷人，我们不能简单地将贫困归咎于他们自身的懒惰，而应该关注他们面临的困境和社会为他们提供的支持是否足够。我们要倡导一种公平竞争的社会环境，让每个人都有机会通过自己的努力实现阶层的跨越。同时，富人也应该增强社会责任感，积极参与慈善事业，回馈社会，帮助穷人改善生活条件，缩小贫富差距。

再次，我们要培养积极向上的心态，努力提升自己。在面对社会不公和贫富差距时，怨恨并不能解决问题，反而会让自己陷入消极的情绪中。我们应该将注意力放在提升自己的能力和素质上，通过学习知识、掌握技能，增强自己在社会中的竞争力。

最后，我们要倡导社会的包容与和谐。社会是一个多元的整体，每个人都有自己的生活方式和价值追求。我们应该尊重不同阶层、不同群体的差异，摒弃偏见和歧视。富人要理解穷人的困境，给予他们关心和帮助；穷人也要尊重富人的劳动成果，通过合法、正当的途径改善自己的生活。在社区、企业等社会单元中，要加强不同阶层之间的交流与合作，促进相互之间的理解和信任。例如，一些社区组织会经常性地开展扶贫帮困活动，不仅为贫困家庭提供了物质上的帮助，还促进了富人与穷人之间的沟通和交流，增进了彼此之间的感情。

“世之不公，人怨难止。穷富为仇，弥祸不消。”这句古训提醒我们，要重视社会公平和贫富差距问题，政府、社会和个人要共同努力，促进社会的公平正义，化解社会矛盾，营造一个和谐、稳定、发展的社会环境，实现社会的长治久安。只有这样，才能让每个人都可以在社会中实现自己的价值，享受到社会发展的成果。

2. 君子不念旧恶，旧恶害德也。小人存隙必报，必报自毁也。和而弗争，谋之首也。

译文

君子不会记挂过去的仇怨，因为记挂过去的仇怨会损害自身的品德。小人心中只要有了嫌隙就必定报复，必定报复的行为最终会毁掉自己。与人和谐相处而不争执，这是谋划事情的首要原则。

“君子不念旧恶，旧恶害德也”，这句话是对宽容这一高尚品德的彰显。

“君子不念旧恶”并不是对错误的纵容，而是对人性的理解、对大局的考量以及对自身品德修养的坚守。君子都明白，仇恨与报复只会让矛盾不断升级，陷入恶性循环，而宽容与谅解则能为化解矛盾、修复关系创造机会。这种豁达的胸怀，彰显出君子的高尚品德。

诸葛亮与孟获的故事是“君子不念旧恶”的范例。三国时期，蜀汉南方的南蛮地区屡次叛乱，威胁蜀汉政权的稳定，于是诸葛亮率军南征，不过他没有选择大开杀戒，而是选择了“以德服人”的策略。在与南蛮首领的第一次交战中，诸葛亮轻松擒获孟获。孟获不服，认为自己是中了埋伏而非战败。诸葛亮并未惩罚他，而是将他释放，让他重整旗鼓再战。此后，诸葛亮又多次擒获孟获，每次都耐心解释自己的用意，并释放他。直到第七次，孟获终于被诸葛亮的宽容和智慧所感动，心悦诚服地表示：“公之天威，南人不复反矣！”从此，南蛮地区归顺蜀汉，再无叛乱。这就是“七擒七纵”的故事。

纳尔逊·曼德拉是南非反种族隔离运动的领袖，也是“君子不念旧恶”的现代典范。他因反对种族隔离政策而被南非白人政权关押 27 年，其间受尽折磨与屈辱。然而，当他于 1990 年获释并成为南非总统后，他并未选择报复，而是以宽恕与和解的态度面对曾经的压迫者。曼德拉深知，如果南非社会陷入仇恨与报复的循环，国家将永远无法摆脱暴力和分裂。因此，他推动成立了“真相与和解委员会”，旨在通过揭露历史真相和宽恕来弥合种族分裂。他主张“没有宽恕，就没有未来”，并呼吁黑人与白人共同努力，建设一个平等、自由的新南非。在曼德拉的领导下，南非避免了内战，实现了和平过渡。他不仅宽恕了曾经迫害他的白人当政者，还邀请他们共同参与国家建设。例如，他保留了白人军队的将领，并任命其为国防部长，以确保国家的稳定。曼德拉以其行动和精神感动了全世界，2009 年 11 月，联合国大会为表彰他对和平文化与自由的贡献，宣告 7 月 18 日为“纳尔逊·曼德拉国际日”。

曼德拉不念旧恶，以胸怀与智慧化解了南非的种族仇恨，展现出了君子的高尚品德。他的故事告诉我们，宽容不仅是化解仇恨的良药，更是推动社会进步的力量。

“小人存隙必报，必报自毁也”，这句话指出了狭隘和短视必将付出代价。

与君子“不念旧恶”形成鲜明对比的是小人“存隙必报”。小人一旦与他人产生矛盾或嫌隙，内心便如被恶魔占据般，总是千方百计地寻求报复。他们的双眼被仇恨蒙蔽，理智被愤怒吞噬，做出的行为往往冲动且不计后果，最终不仅伤害了他人，更将自己推向了自我毁灭的深渊。

三国时期的周瑜，虽才智过人，但心胸狭隘。他曾与诸葛亮联手抗曹，但又嫉妒诸葛亮的才华，多次设计陷害。比如在赤壁之战前夕，周瑜要求诸葛亮在十天内造出十万支箭，企图以此陷害他。诸葛亮神机妙算，以“草船借箭”之计完成了任务。周瑜仍不甘心，又想出诸多计谋，却都被诸葛亮一一识破。最终，周瑜因嫉妒和怨恨而积郁成疾，在“既生瑜，何生亮”的悲叹中吐血而亡。

周瑜本有卓越的才能，却因“存隙必报”之念而让自己陷入痛苦的深渊，英年早逝，实在令人惋惜。他的故事警示我们，持有报复心理会使人失去理智，最终也会害了自己。

小人存隙必报的行为，源于内心的狭隘与短视。他们只看到眼前的利益和一时的痛快，却忽略了长远的发展和人际关系的重要性。他们不明白，宽容与理解才是解决矛盾的良药，而睚眦必报只会让自己陷入无尽的痛苦与困境之中。

“和而弗争，谋之首也”，这句话揭示了在为人处世和谋划事业的过程中，和谐共处的重要性。

在社会这个庞大而复杂的系统中，无论是个人的成长与发展，还是团队、组织乃至国家的繁荣昌盛，和谐的人际关系与合作氛围都是不可或缺的基石。

华为与众多供应商之间的合作堪称“和而弗争”的典范。华为作为全球知名的通信技术企业，在5G技术研发、智能手机制造等方面取得了卓越成就。在发展过程中，华为与众多芯片、电子元件等供应商保持着良好的合作关系。例如，与台积电等芯片制造企业合作，确保芯片的稳定供应和技术升级；与京东方等屏幕供应商合作，提升手机屏幕的显示质量。更重要的是，华为没有仰仗自身的行业地位去打压供应商，而是与他们相互支持、共同发展。供应商也积极配合华为的需求，不断提升产品质量和技术水平。这种“和而弗争”的合作模式不仅促进了华为的创新与发展，也带动了整个产业链进步。

在团队协作中，“和而弗争”的氛围是取得成功的关键。以一个软件开发团队为例，程序员负责编写代码实现功能，设计师负责设计用户界面，程序员通常更注重代码的效率和稳定性，而设计师则更关注界面的美观和用户体验。如果在软件产品的开发上双方各执己见，互不相让，程序员只追求代码的简洁高效而不管界面设计的需求，设计师只注重界面的美观而不考虑用代码实现的难度，那么软件产品的开发进度将会大大延迟，质量也难以保证。相反，若双方都能够秉持“和而弗争”的原则，程序员在编写代码时参考设计师的意见，优化代码结构以更好地实现设计效果，设计师也了解用代码实现的难度，对设计方案进行适当调整，那么开发出功能强大、用户体验好的软件产品才有可能。

从社会层面看，“和而弗争”、和谐共处是构建美好社会的基础。不同阶层、不同群体之间的关系和谐，社会才能稳定与发展。例如，在城市的老旧小区改造项目中，如果政府部门、社区居民、施工单位等各方能够和谐共处——政府部门在充分听取居民意见的基础上合理规划改造方案、社区居民理解施工过程中的不便并积极配合、施工单位认真负责以保证工程质量，那么老旧小区改造项目就能顺利推进，提升居民的生活质量，促进社区的和谐稳定。相反，如果各方矛盾重重，那么项目必定难以推进，甚至可能引发社会矛盾，影响社会和谐。

“和而弗争”并不是消极的退让与妥协，而是在尊重差异、理解他人的基础上寻求共同发展的道路。它要求我们以平和的心态对待分歧，以合作的精神解决问题，以包容的胸怀接纳他人，与他人携手共进。

3. 名不正而谤兴，正名者必自屈焉。惑不解而恨重，释惑者固自罪焉。私念不生，仇怨无结焉。

译文

名分不正就会引起诽谤，要纠正名分，自己就必须受点委屈。疑惑不解除，仇恨就会加重，要消除疑惑就要自己承担一些罪责。私念不产生，仇怨就不会结下。

“名不正而谤兴，正名者必自屈焉”，这句话揭示了“名”与“实”之间的辩证关系，以及这种关系对社会评价和个人发展的影响，体现了中国传统文化中重实轻名、求真务实的精神，对于我们如何在现代社会中正确看待和处理“名”与“实”的关系具有重要的指导意义。

“名不正而谤兴”指出了名实不符的后果。这里的“名”可以理解为名声、名分、头衔等外在的标识，而

“正”则是指与这些外在标识相匹配的实质内容，整体的意思是当一个人的名声或地位与其实际能力、品德或贡献不相符时，很容易引发他人的质疑和批评。这种现象在社会生活中很常见，比如一个能力不足的人被提拔到重要岗位，或者一个品行不端的人获得了荣誉称号，都会招致非议。在当下，这种现象尤为突出：社交媒体上，一些网红靠着精心包装的人设获得大量粉丝，却在直播带货中屡屡翻车，最终引发消费者的集体声讨；职场中，一些高管顶着光鲜的头衔，却缺乏与之匹配的管理能力，导致公司业绩下滑，招致股东和员工的质疑；学术界，部分专家学者拥有令人艳羡的职称，却拿不出真正有价值的研究成果，在学术圈内饱受批评。这些现象背后，就是“名”与“实”的严重脱节。当人们发现某些人空有光鲜的外表而没有真正的本事时，自然会提出异议。

“正名者必自屈焉”则说明了纠正名实不符状况的艰难。这里的“正名”可以理解为使名实相符的过程，而“自屈”则意味着在这个过程中需要放下身段，承认不足，甚至暂时承受一些委屈。这个过程往往是痛苦的，因为需要直面自己的缺点，接受他人的批评，并付出努力去弥补差距。但只有经历这个过程，才能真正实现名实相符，重建信誉。具体到人或组织上，这个过程可能包括公开道歉、重新学习、调整定位等。比如，某些知名企业在产品质量出现问题后，不得不召回产品、赔偿损失，并投入大量资源重建品牌形象；一些公众人物在不当言行曝光后，需要暂时退出公众视野，通过实际行动重新赢得公众的信任。这些“正名”的过程往往充满艰辛，却是重建名实相符关系的必经之路。

“名不正而谤兴，正名者必自屈焉”，这句话的深层含义在于强调“实”的重要性。它提醒我们，任何外在的“名”都必须建立在相应的“实”的基础之上。追求虚名而不注重实质，最终只会招致非议和失败。而当我们发现自己有名实不符之嫌时，要有勇气正视问题，通过踏实的努力来弥补差距，即使这个过程需要暂时放下身段也在所不惜。

“名不正而谤兴”现象的频繁发生不是什么好事，因为它在一定程度上加剧了社会的信任危机。但遗憾的是，这种现象在当下似乎是个普遍现象，根源在于人们普遍倾向于追求立竿见影的效果，忽视了扎实积累的重要性。在很多领域的评价体系中，外在的指标如粉丝数、点击量、论文数量等成为主要的评价标准，实质性内容的质量反而被忽视了，这种有偏差的评价体系导致了“名实不符”的现象频发，“谤兴”跟着频发也就不奇怪了。

要减少甚至避免“名不正而谤兴”的现象发生，需要从多个层面入手。在个人层面，应该树立正确的价值观，明白真正的成就是建立在扎实的能力和贡献之上的。在社会层面，需要建立起更加科学合理的评价体系。评价一个人、一个组织或者一项成果时，不仅要看重外在的“名”，更要注重内在的“实”。在制度层面，应该完善相关法律法规，对名不副实的行为进行有效约束和惩戒。只有多管齐下，才能营造重实轻名、求真务实的社会氛围。

“惑不解而恨重，释惑者固自罪焉”，这句话揭示了误解与怨恨之间的恶性循环，以及化解这种困境的艰难，它强调了沟通和理解的重要性，以及化解误会往往需要主动承担责任，体现了中国传统文化中重视和谐、强调沟通的智慧。

“惑不解而恨重”指出了误解与怨恨之间的关系。这里的“惑”可以理解为疑惑、误解或误会，“恨”则是指由此产生的负面情绪。当人们之间存在误解而又未能及时澄清时，这种误解往往会发酵，导致怨恨加深。这种现象在人际关系中很常见，比如朋友之间因为一句无心之言而产生隔阂，同事之间因为信息不对称而互相猜疑，甚至国家之间因为文化差异而产生误解，最终导致关系恶化。误解与怨恨的恶性循环不仅影响个人关系，还可能扩大到群体、组织甚至国家层面，成为冲突的根源。

“释惑者固自罪焉”则说明了化解误会的艰难。这里的“释惑”可以理解为解释、澄清误会的过程，而“自罪”则意味着在这个过程中需要主动承担责任，甚至可能要承受一些委屈。这个过程往往是艰难的，因为需要放下自尊、主动沟通，有时还要承认自己的过失。但只有经历这个过程，才能真正化解误会，修复关系。化解误会的艰难在于，释惑者不仅需要勇气和智慧，还可能面临情感上的挑战，尤其是在误解已经导致情感伤害的情况下，但这种主动承担责任的态度的确是化解误会、修复关系的关键。

即便是在现代社会，“惑不解而恨重，释惑者固自罪焉”这句话依然具有重要的现实意义。其现实意义在于，信息的传播变得更迅速和广泛，这使得误解更容易产生和扩散，因此培养良好的沟通技巧和同理心显得尤为重要。

要改变这种状况，需要从多个层面入手。在个人层面，应该培养同理心和沟通技巧，学会换位思考，及时澄清误会。在社会层面，需要营造开放、包容的沟通氛围，鼓励人们坦诚交流。在制度层面，可以建立有效的沟通机制，如调解机构、对话平台等，为化解误会提供渠道。多层面的解决方案不仅有助于个人的成长和发展，也有助于构建一个更加和谐、相互理解的社会环境。

“私念不生，仇怨无结焉”，这句话揭示了私心与仇怨之间的内在联系，强调了无私心态对于避免冲突和建立和谐关系的重要性。它指出个人私欲往往是引发矛盾和仇恨的根源，而只有摒弃私心，才能从根本上避免仇怨的产生，这体现了中国传统文化中重视道德修养、强调和谐共处的智慧。

“私念不生”强调了无私心态的重要性。这里的“私念”可以理解为个人的私欲、偏见或狭隘的利益考量。当一个人被私心驱使时，往往会做出损害他人利益或感情的行为，从而埋下矛盾的种子。比如，在职场中，如果一个人只考虑自己的晋升而忽视团队合作，就可能导致同事间的隔阂；在社会交往中，如果一个人总是以自我为中心，不考虑他人的感受，就容易引发人际冲突。社会中还有很多类似的现象：社交媒体上，一些人为了博取关注而散布不实信息，导致网络暴力频发；职场中，一些人为了个人利益而钩心斗角，导致团队协作困难；国际关系中，一些国家为了自身利益而忽视全球共同利益，导致国际局势紧张。这些现象都凸显了摒弃私心的重要性。

“仇怨无结焉”则说明了无私心态对于避免仇怨的作用。这里的“仇怨”可以理解为矛盾、冲突或敌对情绪。若大家都能够摒弃私心，以公正、包容的态度对待他人，那么矛盾就更容易被化解，和谐关系就更容易建立。比如，在家庭中，如果每个成员都能多为他人着想，少计较个人得失，家庭氛围就会更加和睦；在社会中，如果人们能够超越个人利益，关注公共利益，社会就会更加和谐。

要培养无私心态，需要从多个层面入手。在个人层面，应该加强道德修养，培养同理心和包容心，学会换位思考，多为他人着想；在社会层面，需要营造公平、正义的社会环境，鼓励人们关注公共利益；在制度层面，可以建立有效的利益协调机制，提供化解利益矛盾的正规渠道。只有多管齐下，才能营造一个重实轻名、求真务实的社会氛围。

4. 宽不足以悦人，严堪补也。敬无助于劝善，诤堪教矣。

译文

宽容并不足以让所有人都愉悦，严厉的手段可以作为补充。恭敬对于劝人向善没有太大帮助，直言规劝才能起到教化作用。

“宽不足以悦人，严堪补也”，谈的是宽容与严厉的平衡艺术。

在人际交往和社会生活中，宽容无疑是一种备受推崇的美德，它能像春风化雨般化解矛盾冲突，营造和谐融洽的氛围。在教育领域，教师对学生宽容，能够为学生打造健康成长的空间，呵护他们的自尊心。在课堂上学生偶尔因为紧张而答错问题，教师可报以微笑和鼓励而不是严厉批评，这有助于学生克服内心的恐惧，提高学习的积极性。在家庭中，父母对孩子宽容，能够让孩子感受到温暖与信任。孩子在尝试新事物时，可能会不小心犯错，父母若能宽容对待，孩子将会更有勇气去探索世界。

不过，宽容之举并不足以让所有人都感到愉悦，也难以实现全面的管理与引导。过度的宽容会导致规则变模糊，使一些人忽视了责任与义务。在学校里，如果教师对学生的不良行为如经常迟到、抄袭作业等一味地宽容，不加以纠正，那么班级纪律将逐渐松弛，其他遵守规则的学生也会感到不公平，进而影响整个班级的学习氛围。在企业中，管理者对员工的工作失误或违反规章制度的行为若总是宽容以待，不采取相应的惩罚措施，可能会导致员工工作态度不认真、工作效率低下，甚至可能引发其他员工的效仿，最终影响企业的整体运营。此时，严厉的手段便成了不可或缺的补充。严厉并非简单的惩罚与苛责，而是通过明确的规则和严格的执行，让人们认识到自己行为的边界和后果。在学校教育中，对于那些多次违反校规校纪的学生，教师需要采取严厉的措施，如给予警告处分、要求家长配合教育等，以此来让学生明白规则的严肃性，促使他们改正错误。在企业管理中，对于违反公司重要规定、给公司造成重大损失的员工，企业必须按照规章制度进行严厉处罚，如罚款、降职甚至辞退，以维护公司的正常运营秩序，保障其他员工的权益。

在社会层面，法律就是一种严厉的规范手段。法律针对各种违法犯罪行为制定了明确的惩罚措施，从轻微的违法行为到严重的犯罪行为，都有相应的惩处规定。在法律的严厉约束下，社会秩序得以维护，公民的合法权益得到保障。

宽容与严厉并不是相互对立的，而是相辅相成的。在实际生活中，我们需要根据具体情况，巧妙地平衡两者之间的关系。在一些非原则性问题上，我们应以宽容为主，给予他人理解和包容；而在涉及原则、规则和道德底线的问题上，必须运用严厉的手段加以约束，给行为以正确导向。就像在家庭教育中，父母在孩子犯小错误（如不小心打碎了花瓶）时，可以宽容地安慰孩子，同时教导孩子如何避免类似事情发生；但当孩子出现撒谎、偷窃等严重问题时，父母就需要严肃对待了，必须通过批评教育、实施惩罚等方式，让孩子认识到问题的严重性，引导他们树立正确的价值观。

“敬无助于劝善，诤堪教矣”，这句话揭示了“敬”与“诤”的本质区别：“敬”是表面的恭敬，未必能促人向善，只有直言不讳的“诤”才能真正起到教化的作用。

“敬”往往流于形式，难以触及问题的本质。唐太宗李世民曾感叹：“以铜为镜，可以正衣冠；以古为镜，可以知兴替；以人为镜，可以明得失。”然而，真正敢于做“人镜”的，往往是那些不惧冒犯的诤臣。魏征就是典型的例子。他一生进谏200多次，言辞激烈，甚至多次让李世民下不来台。但正是这些尖锐的批评，帮助李世民成就了“贞观之治”。“敬”的局限性不仅体现在君臣关系中，也体现在日常生活中。父母对孩子的溺爱往往以“尊重”为名，实则纵容了不良行为；朋友之间的客套恭维虽然维持了表面的和谐，却可能掩盖了真正的问题。

“诤”是一种直面问题的勇气。北宋名臣范仲淹在《岳阳楼记》中写道：“不以物喜，不以己悲。”这种超然的态度，正是“诤”的精神内核。范仲淹在朝为官时，多次上书直言，批评时政。他还提出“先天下之忧而忧，后天下之乐而乐”的政治理念，强调官员应以天下为本。这种直言不讳的态度虽然让他屡遭贬谪，却为后世留下了宝贵的精神财富。“诤”的价值不仅在于指出问题，更在于推动改变。明朝的海瑞，以“海青天”之名闻名于世。他在任期间，不畏权贵，严惩贪腐，甚至上书批评嘉靖皇帝。虽然这些行为让他多次入狱，但也让他赢得了百姓的爱戴。海瑞的故事告诉我们，“诤”不仅是个人勇气的体现，更是社会进步的推动力。

不过，“诤”与“敬”并不是对立的，而是相辅相成的。真正的“敬”，应该包含“诤”的精神。诸葛亮在《出师表》中写道：“亲贤臣，远小人，此先汉所以兴隆也；亲小人，远贤臣，此后汉所以倾颓也。”这句劝诫刘禅的话，就是“诤”与“敬”的结合体。诸葛亮对刘禅的忠诚，不仅体现在恭敬的态度上，更体现在直言不讳的劝诫中。

在现代社会，明白“诤”与“敬”的关系依然具有重要意义。企业管理中，领导者需要虚心听取员工的批评，而不是一味追求表面的和谐；家庭教育中，父母应该在尊重孩子的同时，敢于指出他们的错误。正如美国管理学家彼得·德鲁克所说：“管理就是正确地做事，领导就是做正确的事。”诤言的价值，正是在于帮助人们做正确的事。

在如今这个信息爆炸的时代，“诤”的价值更加凸显。社交媒体上，充斥着各种恭维与赞美，但真正有价值的，往往是那些敢于批评的声音。乔布斯在苹果公司就经常对员工的设计提出尖锐的批评，甚至有人说他“粗暴无礼”。但正是这些批评推动了苹果产品的不断创新。乔布斯曾说："我的工作不是让人们高兴，而是让他们变得更好。"这句话正是对"诤堪教矣"的现代诠释。

心卷第九

1. 欲无止也，其心堪制。惑无尽也，其行乃解。

译文

欲望是永远没有止境的，要用强大的内心去制服。困惑也是无穷无尽的，要用行动去解除。

“欲无止也，其心堪制”，这句话告诉我们，内心是驾驭欲望的缰绳。

欲望是人类前行的动力，我们每个人都坐在欲望的马背上向前奔驰。不过，一旦失去对欲望的控制，它很可能把我们带离人生的正道，跑向无尽深渊。

对财富、奢华生活等的追求是物质欲望，它促使人们努力工作、创业拼搏，继而推动经济的发展与社会的进步。但物质欲望过盛的人容易迷失自我。一些人在追求财富的道路上被贪婪迷了心窍，为了获取更多的金钱，不惜采取不正当手段。有一位企业高管，他在职业生涯初期便凭借着自己的才华和努力，为公司创造了巨大的价值，也获得了丰厚的回报。但随着时间的推移，他的欲望开始膨胀，不再满足于现有的收入和地位。为增加收入，他在公司的项目中违规操作，通过虚报成本、挪用公款等方式中饱私囊。最终，他的违法行为被曝光，不仅失去了工作，还要面临法律的制裁，曾经辉煌的人生瞬间崩塌。

对权力、名誉、地位等的追求是精神欲望。权力赋予人掌控和影响他人的能力，名誉给人带来认可与尊重，地位则显示人在社会中达到的高度。过度追求这些精神层面的东西，同样会让人迷失自我。在政治舞台上，一些官员醉心于追求更高的职位和更大的权力，忘却了为人民服务的职责和使命，陷入钩心斗角、尔虞我诈的泥沼。在学术领域，一些学者为了获得更高的名誉和地位，抄袭他人的研究成果、伪造实验数据，严重违背了学术道德。

欲望是会无穷无尽增长的，像无缰的野马，我们需要给它系上缰绳，而内心的力量就是一条缰绳，能够帮助我们控制欲望这匹野马，使其只在规定的范围内奔跑。我们需要时刻审视自己的内心，分辨出哪些欲望是必要的，哪些是不必要的。例如，当我们想换手机时，要先思考自己是否真的需要它、现有的手机是否还能满足日常需求。如果仅仅是为了追求时尚和潮流而购买一款超出自己经济能力范围的手机，那么这种欲望就是不必要的。通过这种自我反思和审视，我们能够更加清楚地了解自己的欲望，从而作出正确的选择。培养坚定的意志和自律精神是克制欲望的关键。如同钢铁般坚硬的意志能够帮助我们抵御外界的诱惑，自律则像是一位严格的导师时刻监督着我们的行为。

“惑无尽也，其行乃解”，揭示了人类面对困惑时的终极解决之道——用行动去消除。这不是简单的“做就对了”，而是一种深刻的哲学智慧——在行动中探索，在探索中超越。

困惑既是人类认知的边界，也是人类认知突破的起点。古希腊哲学家苏格拉底说：“我唯一知道的就是我一无所知。”这种对无知的承认，本身就是一种智慧。牛顿被苹果砸中时，困惑于“为什么苹果往下掉”，这个看似简单的问题最终引导他发现了万有引力定律。

行动是破解困惑的最佳途径。张謇的故事就是对此的完美诠释。他原本是清朝的状元，仕途光明，但在甲午战争后，他深感国家积贫积弱，对当官是否能救国的问题产生了困惑。于是，他毅然放弃仕途，投身实业。他创办了大生纱厂，成为中国近代工业的先驱之一。他还创办了南通师范学校，推动了教育改革。张謇的行动不仅解答了他个人的困惑，也为中国的现代化探索出了一条新路。张謇这种从困惑到行动的转变，正是“行乃解”的生动体现。

困惑与行动不是对立的关系，而是相互促进的循环：困惑激发行动，而行动又带来新的困惑，催生更高层次的探索。爱因斯坦在发现相对论后，困惑于量子力学中的不确定性。他与玻尔进行了长达数十年的争论，这场争论虽然没有最终答案，却极大地推动了现代物理学的发展。

在现代社会，困惑无处不在，但行动依然是最好的解决办法。乔布斯在大学辍学之前，就困惑于人生的意义，为此，辍学后他选择去印度禅修，而这段经历深刻影响了他的人生观和产品设计理念。回到美国后，乔布斯创立了苹果公司，推出了改变世界的产品。乔布斯的行动不仅解答了他个人的困惑，也改变了全球数十亿人的生活方式。

人这一生中，困惑始终存在，但行动永远是最好的解药。正如老子所言："千里之行，始于足下。"当我们迈出第一步时，困惑的迷雾便开始消散，前路的光明也随之显现。

2. 不求于人，其尊弗伤。无嗜之病，其身靡失。自弃者人莫救也。

译文

不向他人有所求，那么自己的尊严就不会受到伤害。没有过度嗜好带来的弊病，自身就不会有什么闪失。放弃自己的人，别人是没有办法拯救他的。

“不求于人，其尊弗伤”，这句话强调了独立自主对于维护个人尊严的重要性。当一个人不轻易向他人求助、不依赖他人来满足自己的各种需求时，他在人际交往中就不会因为有所求而处于一种相对弱势或被动的地位，从而能够更好地维护自己的尊严。

尊严，是一个人灵魂深处的坚守，是人格独立的重要体现。在现实生活中，我们常常看到，那些过于依赖他人、频繁向人求助的人，其尊严往往容易受到伤害。这背后的原因，涉及人性与心理的深层逻辑。

从心理学角度来看，当我们向他人求助时，在某种程度上就已经将自己置于相对弱势的位置。这种弱势地位可能会引发他人的不同反应，有些人或许会真诚地给予帮助，但也有些人可能会借此机会展现自己的优越感，在言语或行为上对求助者造成伤害。例如，在工作场景中，一位新入职的员工由于对业务不熟悉，频繁向同事请教问题。如果同事们友善且耐心，那么这将是一个气氛良好的学习过程；但若有个别同事以一种高高在上的姿态，边指点边嘲讽“这么简单的问题都不会，你怎么进公司的”，那无疑会对新员工的尊严造成打击，新员工可能会陷入自我怀疑，甚至在工作中变得缩手缩脚，失去自信。

从社会学层面分析，人与人之间的关系本质上是一种相互交换的关系，交换的东西不仅仅局限于物质，还包括情感、尊重等精神层面的内容。当我们一味地向他人索取帮助，却无法给予对方相应的回报时，这种不平衡的关系可能会导致他人对我们的态度发生变化，我们在他人眼中的价值可能会逐渐降低，尊严也随之受到影响。就好比一个人总是向朋友借钱，却从不考虑还钱，或者在朋友需要帮助时总是找借口推脱，久而久之，朋友对他的尊重就会大打折扣，他在朋友间的尊严也荡然无存。

《论语》中提到："君子求诸己，小人求诸人。"这句话的意思是真正有修养、有品德的君子遇到问题时会首先通过自身寻找解决办法，依靠自己的努力去克服困难。古代的很多学者获取知识的过程都是在艰苦的环境中独自钻研，他们没有因为条件艰苦而四处寻求他人的特殊照顾，而是凭借自己的坚韧和毅力，克服重重困难，最终成为一代大家。成语故事"凿壁偷光"中的匡衡就是这样的一个人：匡衡家境贫寒，夜晚没有蜡烛可点，但他没有向他人抱怨或求助，而是凿开墙壁，借邻居家的烛光读书，最终成为经学家，官至丞相。还有"囊萤映雪"的车胤也是。

"无嗜之病，其身靡失"中的"嗜"，指的是不良嗜好。整句话的意思是如果一个人没有不良嗜好，就能够避免很多可能导致自身出现问题的情况。

不良嗜好犹如隐藏在身体暗处的毒瘤，悄无声息地侵蚀着我们的身心健康，对我们的生活质量以及未来的发展产生负面影响。古往今来，无数的事例警示我们，远离不良嗜好、保持自律是实现自我成长及获得人生幸福的关键。

从身体健康的角度来看，不良嗜好对身体的危害是显而易见的。以吸烟为例，医学研究表明，吸烟是多种疾病的明确致病因素，如肺癌、心血管疾病等。长期吸烟的人，肺部功能会逐渐下降，身体免疫力也会降低，更容易受到各种疾病的侵袭。酗酒同样如此。过度饮酒会给肝脏造成极大的负担，引发肝硬化、酒精性肝炎等疾病，每年因酗酒导致健康问题而住院治疗的人数不胜数。这些不良嗜好就像是身体的慢性杀手，在不知不觉中夺去人的健康甚至生命。

从心理层面分析，不良嗜好往往会导致心理依赖，影响我们的心理健康和生活决策。例如，沉迷于网络游戏的人常常会陷入虚拟的世界中无法自拔。他们在游戏中寻求成就感和满足感，逐渐对现实生活失去兴趣。这种心理依赖不仅会影响他们的学业和工作，还可能导致社交障碍、焦虑和抑郁等心理问题。沉迷赌博的人往往会被赌博带来的刺激感吸引，陷入无法自控的状态，他们在赌博中失去理智，不断投入金钱，最终导致家庭破裂、经济破产，给身边的人带来巨大的痛苦。

中华传统文化一直强调修身养性，倡导人们保持节制和自律。《老子》中说："五色令人目盲；五音令人耳聋；五味令人口爽；驰骋畋猎，令人心发狂；难得之货，令人行妨。”意思是过于追求物质的享受和感官的刺激会让人失去内心的平静和理智，从而做出错误的行为。

历史上，许多帝王将相因为沉迷于酒色财气等不良嗜好，最终导致国家衰败，自己也身败名裂。周幽王（姬宫涅）沉迷女色，荒废朝政，为博宠妃褒姒一笑竟“烽火戏诸侯”，最终犬戎入侵，西周灭亡；陈后主（陈叔宝）沉迷歌舞，荒淫无度，不理朝政，最终隋军南下，陈朝灭亡；明神宗（朱翊钧）沉迷酒色，长期怠政，28 年不上朝，致明朝国力衰退，埋下灭亡隐患……

在现代社会，名人当中也不乏因不良嗜好而毁掉自己人生的例子。有知名演员曾主演多部热门影视剧，本该前途无量，但却染上了赌博恶习，欠下巨额债务，为还债接拍烂片，口碑崩塌，被列入行业黑名单，最终无戏可拍，家庭破裂，妻离子散；有著名企业家白手起家，创立估值数亿元的公司，但却酗酒成瘾，经常因醉酒错过重要投资会议，有时候还会酒后失态，与合作伙伴发生冲突，最终公司资金链断裂，被破产清算；有“网红”主播凭借独特风格迅速走红，月入数十万元，但追求虚荣，疯狂购买奢侈品，在财力不支的情况下依然借贷购买豪车、名表，债务“滚雪球”，最终被列入失信名单，粉丝流失，账号被封，收入归零……

以上的例子都在警示我们，不良嗜好如果不加以控制，将会带来灾难性的后果。

“自弃者人莫救也”，这句话指出了自我放弃的严重后果。

当一个人对自己失去信心，放弃努力，不再积极进取甚至“破罐子破摔”时，即便他人有心帮助他，也很难取得成效。因为改变的动力首先来源于自身的意愿和决心，如果他自己都放弃了希望，不愿意作出改变，那么外界的帮助也难以起到作用。

自我放弃，是一种比因外来打击而消沉还可怕的心理状态。一个人自我放弃，就意味着他不仅否定了自己的价值和能力，也拒绝了所有可能改变命运的机会。在这种状态下，即便外界有再多的帮助和支持，也无法拯救他。

从心理学角度来看，自我放弃源于长期的挫折、失败以及消极的自我认知。一个人屡战屡败，就可能产生无助感和绝望感，这种情绪如果得不到及时的疏导，就会演变成自我放弃的心理。他们会认为自己无论如何努力都无法改变现状，从而失去了继续前进的动力。例如，一些学生在学习过程中，某门学科的成绩一直不理想，多次努力想提高成绩却不见成效，渐渐地就会对自己的学习能力产生怀疑，最后放弃努力，他们不再认真听讲、完成作业，对学习完全失去了兴趣和信心。

从哲学层面来看，自我放弃等于违背了人类的本质和使命。人作为有意识、有主观能动性的存在，具有不断超越自我、追求进步的内在需求。一个人选择自我放弃，实际上是放弃了自己作为人的本质属性。强者信奉尼采的名言——“那些杀不死你的，终将使你变得更强大”，会将挫折视为成长的机遇，而自我放弃的人却是在挫折面前选择了逃避。

毫无疑问，自我放弃绝对是一种错误的人生选择。《周易》云：“天行健，君子以自强不息。”中华传统文化一直强调要有自强不息的精神。自古以来，有无数仁人志士在陷入困境时凭借着坚定的信念和不屈的精神实现了自我救赎。比如，忍辱负重著《史记》的司马迁，断齑画粥苦读成才的范仲淹，闻鸡起舞立志北伐的祖逖等。

他们的事迹告诉我们一个道理：无论遭遇多大的艰难和挫折，只要我们不放弃自己，就有可能创造出属于自己的辉煌。

在现代社会，我们也可以看到许多战胜自我、走出困境的例子。比如，一些身患重病的人，他们在饱受病痛折磨之后，并没有选择自我放弃，而是保持乐观的心态，积极配合治疗，努力与病魔抗争。他们通过顽强的毅力和对生活的热爱，创造了一个又一个生命的奇迹。相反，那些自我放弃的人，即便身体没有严重的疾病，也可能因为消极的心态而陷入困境。例如，一些失业的人在经历了几次求职失败后就自暴自弃，不再积极找工作，甚至依赖社会救助生活。他们放弃了自我提升和重新就业的机会，最终可能会被社会所淘汰。

在人生的道路上，我们一定要学会独立自主，维护好自己的尊严；要克制欲望，远离不良嗜好，保持身心健康；要坚定信念，永不言弃，勇敢地面对生活中的挑战。

3. 苦乐无形，成于心焉。荣辱存异，贤者同焉。事之未济，志之非达，心无怨而忧患弗加矣。

译文

痛苦和快乐没有固定的外在形态，它们是由内心形成的。荣耀和耻辱存在着差异，但贤能的人对它们的态度有着相同之处。事情没有成功，志向没有达成，内心却没有怨恨，那么忧患也就不会降临了。

“苦乐无形，成于心焉”一句深刻揭示了苦乐并不是由外界客观事物本身直接决定的，而是取决于我们内心的认知与感受。

外界的环境与遭遇只是触发苦乐感受的因素，真正赋予其苦乐属性的是我们内心的评判标准与情绪反应。

例如，同样是在恶劣的天气环境下进行户外劳动，有人会觉得这是痛苦的折磨，内心充满抱怨；而另一些人却将其视为锻炼意志的机会，内心坦然，甚至能从中获得乐趣。这说明，苦乐并非由劳动本身或天气状况这些外在条件决定的，而是由每个人内心对这些情况的解读和态度塑造的。

在校园里，一场突如其来的体育测试对于热爱运动、积极锻炼的学生而言，是展示自我、突破自我的平台，每一项测试项目都能让他们感受到挑战带来的兴奋与成就感；但对于那些平时疏于运动，对体育有畏难情绪的学生来说，测试是个沉重的负担，他们满心都是对自己体能不足的担忧与对测试结果的恐惧。这种鲜明的对比，再次印证了内心认知对苦乐感知的主导作用。

道家强调要顺应自然，保持内心的平静与超脱。如果我们用平和、顺应的心态去看待外界事物，就能免于遭受因抗拒而产生的痛苦。庄子妻死，他鼓盆而歌。丧妻自然是痛苦之事，庄子能以达观的心态面对，正是因为他内心对生死有着独特的理解，不将死亡视为痛苦的必然。在心理学层面，认知行为疗法认为人们的情绪和行为反应不是直接由事件引起的，而是由人们对事件的认知和评价引起的，改变对事物的认知，就能改变我们所体验到的苦乐感受。比如，一个人把工作中的挑战视为提升自己能力的机遇而不是麻烦，那么他在工作中体验到的快乐感就会增强。又如在旅游途中遭遇航班延误，有的人会在候机时烦躁不安，抱怨航空公司、机场设施等，让自己的心情陷入低谷；而有的人则把延误当作一次难得的放松机会，利用这段时间读上一本一直想读却没时间读的书，或是与周围陌生人交流，分享旅途故事，将原本可能带来痛苦的延误时光转化为有趣的经历。这便是通过改变认知实现苦乐转换的生动实例。

与“苦乐无形，成于心焉”类似，“荣辱存异，贤者同焉”一句深刻揭示了荣辱感并不是由外界评价决定的，而是取决于个人的态度。

荣耀和耻辱在世俗的眼光中有明显的差异——荣耀往往与赞美、地位提升等相关，而耻辱则与批评、贬低等相关。然而，贤能的人对待荣辱有着共同的态度。贤者不会被荣耀冲昏头脑，也不会因耻辱而一蹶不振，他们明白荣辱只是外界暂时的评价，不代表自己的真实价值。

春秋时期齐国的贤相晏子，出使楚国时遭到楚王的羞辱，但他凭借智慧从容应对，维护了国家尊严。回国后，他并未因这次受辱经历而心怀怨恨或一蹶不振，也没有因成功化解危机而沾沾自喜，他认为，自己只不过是在坚守自己的职责和信念。“亚洲飞人”苏炳添，在打破亚洲百米纪录、取得傲人成绩，收获无数荣耀与赞誉后，依然保持谦逊与专注，他并没有沉醉于已有的成就，而是继续刻苦训练，追求更高的目标。苏炳添清楚，荣耀只是外界对自己的阶段性认可，自己的真正价值在于不断突破自我。还有一些年轻的运动员在重大赛事中失误后，遭到了外界的批评与指责，陷入舆论旋涡，但他们中的优秀者也能像贤者一样，把失误的经历当作成长路上经受的磨砺，抛开外界的纷纷扰扰，潜心改进技术，调整心态，在后续比赛中重新证明自己。诺贝尔奖获得者屠呦呦在研究青蒿素的过程中，也曾经历多次失败，遭受过质疑，这在某种程度上可视为一种“辱”，但她没有因此放弃。在取得成功，获得众多荣誉后，她依然专注于科研，没有被荣耀左右。他们都以一种超越世俗的心态对待荣辱，只追求实现更高层次的人生价值。

再如“两弹元勋”邓稼先，隐姓埋名数十载，投身于艰苦卓绝的科研工作，在成功研制出原子弹和氢弹，为国家立下不朽功勋、收获无上荣耀后，依然默默奉献，不为名利所动。他将个人荣辱置之度外，一心只为国家强大和民族未来，用一生诠释了贤者对荣辱的超脱态度。

“事之未济，志之非达，心无怨而忧患弗加矣”强调了追求成功路上心态的重要性。

很多时候，我们在追求成功的过程中遭遇失败，往往会抱怨环境、他人或者自己的命运，但这种抱怨不仅无法改变现状，还会让我们陷入更深的痛苦和焦虑之中。相反，如果我们能以平和的心态接受失败，不怨天尤人，就能避免陷入过度的忧虑之中。比如，一位创业者在创业初期即遭打击，项目失败，资金亏损。如果他一味地抱怨市场不好、合作伙伴不给力，那么他可能会被焦虑的情绪包裹，失去再次尝试的勇气，可能还会有债务危机等新的忧患接踵而来。但如果他能从失败中吸取教训，不抱怨，调整心态，重新规划，那么他就有可能走出困境，避免更多的问题出现。

史蒂夫·乔布斯在被自己亲手创立的苹果公司驱逐后，没有抱怨，而是积极投身新的创业，在皮克斯公司取得巨大成功后又重回苹果公司，带领苹果公司走向新的辉煌。他用行动证明，积极面对失败，秉持不抱怨的态度，是实现人生价值的关键。

从哲学角度看，“事未济”“志非达”而“心无怨”，这是一种积极主动的人生态度的体现。古罗马哲学家爱比克泰德说过这么一句话：“我们登上并非我们所选择的舞台，演绎并非我们所选择的剧本。”面对人生的不如意，我们无法改变已经发生的事实，但可以改变对待它的态度。

4. 仁者好礼，不欺其心也。智者示愚，不显其心哉。

译文

有仁德的人喜好礼仪，是因为不想欺骗自己的内心。有智慧的人表现得愚笨，是不想显露自己的心思。

“仁者好礼，不欺其心也”，说的是“仁”与“礼”的内涵存在关联。

“仁”作为儒家思想的核心概念，宛如一座巍峨的高山，象征着人类道德的至高境界。它指的是发自内心的仁爱、善良与慈悲，外显于对他人的关怀、尊重与包容。“仁”之爱并不局限于亲近之人，而是一种广博的爱，爱的对象涵盖了世间万物。而“礼”则恰似环绕高山的潺潺溪流。“礼”之求贯穿于社会生活的方方面面，从政治制度、行业规范到个人的言行举止、待人接物，无处不在。

在儒家的思想体系中，“仁”与“礼”相辅相成，不可分割。“仁”是“礼”的内在灵魂，赋予“礼”以真挚的情感内涵和道德价值；“礼”是“仁”的外在表现形式，为“仁”的践行提供了具体的规范和途径。一个内心充满仁爱的人，自然而然地会通过遵循礼仪来表达自己对他人的尊重与关爱。这种对礼仪的尊崇，并非为了迎合外界的要求，而是源自内心的真实意愿，是“不欺其心”的体现。

在我们的日常生活中，“仁”与“礼”的交融处处可见。在家庭中，一个有仁德的晚辈对长辈的敬重，不仅仅体现在言语上的恭敬，更体现在行动上的关怀。比如：每天清晨，晚辈会主动向长辈请安，询问长辈的身体状况和生活需求；用餐时，会遵循长幼有序的礼仪，为长辈盛饭、让座，让长辈先动筷；当长辈说话时，会专注倾听，不随意打断，以谦逊的态度回应长辈的教诲。这些看似琐碎的日常行为，实则是晚辈内心仁爱与敬重的真实写照，每一个举动都饱含着对长辈的深情厚谊，没有丝毫的虚假与做作。

在社会交往中，“仁”与“礼”同样发挥着重要的作用。在公共场合，有仁德的人总是自觉遵守社会公德，尊重他人的权益和感受。乘坐公共交通工具时，他们会主动为老弱病残孕让座，在拥挤的车厢中，用一个小小的举动传递温暖与关爱；在与他人交流时，他们言辞温和、谦逊有礼，认真倾听对方的观点，不轻易与人发生争执或冲突，以包容的心态对待不同的意见和看法。这些行为背后，是他们内心深处对每一个个体的尊重与珍视，他们通过遵循礼仪规范，将仁爱之情播撒到社会的每一个角落。

古往今来，无数人物以自身的实际行动为我们树立了仁礼兼备的光辉典范。孔子作为儒家学派的创始人，一生都在践行和传播仁礼之道。他周游列国，虽历经艰难险阻，但始终坚守内心的仁爱与对礼仪的执着追求，“仁”与“礼”完美融合在他身上并呈现于他的言行举止之中，他也因此成为后世敬仰的楷模。

三国时期的刘备以仁德闻名于世。他在与关羽、张飞桃园结义后，始终以兄弟之情相待，尊重他们的意愿和选择，在生活中处处关心照顾他们。在治理一方时，刘备心怀百姓，以仁政为本，关心百姓的疾苦，积极为百姓谋福祉。他礼贤下士，尊重人才，诸葛亮便是被他的诚意与仁德打动，才出山辅佐他成就大业。刘备的种种事迹充分展现了“仁者好礼”的高尚品质，他的行为不仅赢得了身边人的忠诚与爱戴，更为后世留下了传颂千古的佳话。

“智者示愚，不显其心哉”，谈的是智者的处世哲学。

真正拥有大智慧的人，往往以“大智若愚”的哲学处世。他们明白，在纷繁复杂的社会环境中，过度炫耀自己的聪明才智和内心想法，容易招来他人的嫉妒、防备甚至攻击。因此，他们选择以一种看似愚笨、低调的方式行事，将自己的锋芒隐藏于平凡表现之中，不轻易在众人面前展露自己的真实实力和内心世界。

智者这种示愚的行为，并非真的愚笨无知所致，而是一种经过深思熟虑后的明智选择，他们懂得在适当的时候收敛自己的光芒，以一种平和、谦逊的姿态融入周围的环境，避免因过于张扬而给自己带来不必要的麻烦和危机。

回顾历史，有众多智者凭借示愚的策略在复杂的局势中保全自身，并实现了自己的远大抱负。曾国藩身处风雨飘摇的晚清时期，面对朝廷内部的复杂纷争和外部列强的侵略压力，他始终保持着一种低调务实的作风。曾国藩手握重兵，深知自己的地位和权力容易引起朝廷的猜忌，因此他在行事过程中处处小心谨慎，不轻易表露自己的政治野心和军事谋略。他以一种看似愚笨的方式埋头苦干，致力于整顿湘军、兴办洋务，为挽救晚清危局作出了巨大贡献。正是这种大智若愚的处世之道，使曾国藩在复杂的政治环境中得以善终，并成为备受尊崇的名臣。

在当今竞争激烈的现代社会，“智者示愚”同样具有深刻的启示意义。在职场中，我们常常可以看到这样的现象：一些初入职场的新人，为了展现自己的能力，急于在众人面前表现自己，言辞之间锋芒毕露，却往往因为过于张扬而引起同事的反感和嫉妒，给自己的职业发展带来阻碍。相反，那些聪明的新人并不急于表现，他们只是默默地努力学习、积累经验，在工作中脚踏实地、埋头苦干；他们以谦逊的态度向同事请教，尊重团队中的每一个成员，通过不断提升自己的实力来赢得他人的认可。当机会来临时，他们就凭借扎实的功底和丰富的经验战胜竞争对手，脱颖而出，实现自己的职业目标。

在人际交往中，如智者般示愚也能帮助我们建立良好的人际关系。一个总是在他人面前炫耀自己聪明才智的人，很难赢得他人的真心信任和尊重，而那些懂得隐藏自己锋芒，以平和、谦逊的态度与人交往的人，更容易让人产生亲近感和安全感，自然是更受欢迎。

“仁者好礼，不欺其心也。智者示愚，不显其心哉。”这两句话，前一句揭示了仁爱与礼仪的内在联系，强调了以仁爱之心待人、遵循道德规范的重要性；后一句则阐述了智者的处世哲学，提醒我们在生活中要懂得收敛锋芒、低调行事。在当今时代，深入领悟并践行这两句话所蕴含的智慧，对于我们提升个人修养、构建和谐人际关系、实现人生价值，都具有不可忽视的重要意义。

修身卷第十

1. 服人者德也。德之不修，其才必曲，其人非善矣。

译文

能够使他人信服的是高尚的品德。不注重品德的修养，那么其才能必然会被不正当使用，这样的人也就不是善良之人了。

拥有高尚品德的人有强大的“磁力场”，会自然而然地吸引他人，并赢得他人发自内心的信服与敬重。这种信服并非源于权势、财富或花言巧语，而是源于其拥有的正直、善良、诚信等内在品质。这就是“服人者德也”。

例如，在一个团队中，领导者若品德高尚、关爱下属、公正无私，在面对利益分配时能做到公平合理，那么团队成员必定会心甘情愿地追随他，听从他的指挥，因为大家相信，这样的领导者会为团队的整体利益考虑，跟随他能够实现自身价值，获得成长与发展。这种因品德而生的信服力，是一种强大且持久的力量，能够凝聚人心，促进良好关系的建立与和谐氛围的形成。又如，在学校的社团里，社团负责人如果具备真诚待人、勇于担当的品德，在组织活动时充分考虑每个成员的兴趣与需求，在团队协作中主动承担困难任务，成员们自然会对其高度认可，愿意在他的带领下开展社团活动，社团也会因此充满活力。

《论语》有云："君子之德风，小人之德草，草上之风，必偃。"这句话说的是君子高尚品德的影响力如同风对于草的作用，具有引领和带动的力量。古代贤明的君主，如尧、舜、禹，他们之所以深受百姓爱戴，正是因为他们具备高尚的品德：尧以天下为公，禅位于贤能的舜，这种大公无私的品德让百姓敬仰；舜孝顺父母、友爱兄弟，以孝悌之德感化众人，成为众人效仿的楷模；禹治水期间三过家门而不入，一心为民，这种舍己为人的品德为他赢得了百姓的衷心拥护。他们用高尚的品德征服了人心，成为历史书中备受赞誉的贤君。再看北宋的范仲淹，他一生心系天下，"先天下之忧而忧，后天下之乐而乐"。在为官期间，他清正廉洁，关心百姓疾苦，推行改革以图富国强兵。他的言行成为后世为官者的典范，他的故事流传千年，充分彰显了品德在社会中的引领作用。

如果一个人不注重品德修养，那么即使他拥有出众的才能，这些才能也极有可能被用于不正当的目的。因为缺乏品德的约束，人的行为就容易失去正确的方向，陷入自私、贪婪、狡诈的泥沼，成为“非善”之人。这就是“德之不修，其才必曲，其人非善矣”想表达的意思。

都知道南宋的秦桧是个大奸臣，是他害死了岳飞，但很少有人知道，他才华横溢，书法造诣颇高，且在政治上也有一定的能力。然而，再多的优点也抵消不了他为了一己私利残害忠良、卖国求荣的罪行，他永远也脱不掉“千古罪人”的帽子。这充分说明，没有品德修养作为根基，才能就会被扭曲利用，这样的人从本质上说绝非善类。在文艺界，某个知名导演拥有出色的拍摄技巧与艺术创造力，但倘若其缺乏品德修养，在作品创作中为博眼球而宣扬不良价值观，或是在工作和生活中欺凌弱小、搞“潜规则”，即便红极一时，最终也必定会因品德问题遭到大众唾弃，其才能也无法真正为社会创造价值。

相信我们都曾亲眼看见或亲耳听闻过这样的事情：某高

学历、高技能的人才，本应凭借自己的才能为社会作出贡献，但由于缺乏品德修养，走上了违法犯罪的道路。某高科技人才利用自己的技术专长进行网络诈骗、窃取商业机密等活动，某科研人员为了争抢科研成果排名，篡改实验数据、打压同事之类的新闻时常见诸报端，这警示我们，在培养个人才能的同时，绝不能忽视品德的培养。只有德才兼备，才能成为对社会有益的人，才能赢得他人的尊重与信任，也唯有德才兼备，才能在人生道路上走得稳健且长远。

2. 纳言无失，不辍亡废。小处容疵，大节堪毁。敬人敬心，德之厚也。

译文

善于采纳他人建议就没有缺失，不在中途随意放弃就不会前功尽弃。小的地方允许容忍瑕疵，就会导致在大的原则方面受到损害。真正尊敬他人要从内心出发，这就是品德高尚的表现。

“纳言无失”深刻地揭示了倾听他人意见在个人成长与行事决策中的关键作用。

我们每个人都有自身的局限性，看待问题难免存在片面性，而他人的意见，尤其是那些真诚且有见地的意见，往往能为我们提供新的视角，帮助我们发现自己未曾注意到的问题与疏漏。一家互联网创业公司在研发一款新的社交软件时，团队内部对软件的功能设计和界面风格存在不同看法。

公司创始人没有独断专行，而是广泛收集团队成员、潜在用户以及行业专家的意见。对各种意见进行分析与整合之后，公司对软件进行了优化调整，最终产品一经推出便大受欢迎。如果这家公司的创始人刚愎自用，拒绝倾听他人意见，那么这款软件可能会因存在诸多缺陷而无人问津，公司也可能错失发展良机。

从心理学角度来看，善于纳言的人往往具有开放的心态，他们不认为自己的观点绝对正确，愿意接纳不同的声音。这种开放心态能够促进知识的交流与融合，使个人的思维更加全面和成熟。在国学经典《论语》中，孔子曾说："三人行，必有我师焉。择其善者而从之，其不善者而改之。"孔子提醒人们要善于从他人身上学习优点，反思自身不足，从而不断完善自我，这正是对纳言的一种倡导。

"不辍亡废"强调了持续进取对于避免衰败的重要性。

无论是个人还是组织，其发展都如同逆水行舟，不进则退。在科技飞速发展的今天，有许多曾经辉煌一时的企业由于故步自封，未能紧跟时代步伐，最终走向衰落，日本的柯达公司就是其中之一。在胶卷时代，柯达公司曾在全球摄影器材市场中占据主导地位。后来数码技术兴起，柯达却没有积极投入研发数码摄影器材，而是仍旧抱着传统胶卷业务不放。没过多久，市场被新兴的数码摄影器材制造企业迅速占领，柯达公司也陷入了破产的境地。与柯达公司相反，美国的苹果公司始终保持着对创新的追求，不断推出革命性的产品，从 iPod 到 iPhone 再到 iPad，苹果公司持续引领全球电子消费市场的潮流，保持着强大的竞争力。

对于个人而言，持续学习与进取同样至关重要。一个职场人，如果满足于现有的知识和技能，不学习新的行业知识和工作方法，那么随着时间的推移，必然会被竞争者远远抛在身后，面临失业的风险。

“小处容疵，大节堪毁”警示我们，在小的方面容忍缺点可能会引发严重的后果，导致在大的方面受损。

在生活中，一些看似微不足道的小毛病，如果不加以重视和改正，可能会逐渐变成难以改掉的不良习惯，最终影响到品德和声誉。例如，一个学生偶尔在考试中抄袭，他觉得这只是小事，既没有被发现，也没有造成严重后果。但如果这种行为没有得到纠正，他可能会逐渐养成不诚信的习惯，在未来的工作和生活中，还可能会为了达到目的而不择手段，最终毁掉自己的前程。

从历史的角度看，许多原本有着远大抱负和高尚品德的人，因为在小处没有坚守原则，最终身败名裂。明朝的严嵩，少年时受过严格教育，早年也曾有过远大的政治理想，为人、为官还算正直，但后来受官场坏风气影响，逐渐开始接受一些小贿赂，给亲信安排一些小官职。这些小的瑕疵不断积累，最终使他变成一个贪婪腐败、结党营私的权臣，严重损害了国家利益，也让自己遗臭万年。

在企业管理中，同样不能忽视“小处容疵，大节堪毁”的问题。一家食品企业，如果对生产过程中的卫生细节不重视，比如员工不按规定穿戴卫生衣帽、生产设备清洁不彻底等，这些小问题就有可能演变成食品安全事故，而事故一旦发生，企业的品牌形象将崩塌，失去消费者的信任。

“敬人敬心，德之厚也”说的是对他人的敬重应是发自内心的，这才是有深厚品德修养的体现。

如果仅仅在表面上对人恭敬，而内心却充满轻视或不屑，那么这种敬重是虚假的。真正的敬重应该是发自内心的，是对他人的思想、情感、价值观的尊重。在人际交往中，我们会遇到不同性格、不同背景的人，他们的观点和行为可能与我们大相径庭，如果我们能够以包容和尊重的心态去理解他们，倾听他们的想法，那么我们不仅能够建立良好的人际关系，还能从他们身上学到宝贵的经验。

“敬人敬心”与儒家所倡导的“仁”“礼”思想相契合。孔子说：“己所不欲，勿施于人。”当我们发自内心敬重他人时，就是在践行这一理念，即站在他人的角度思考问题，给予他人应有的尊重。在日常生活中，我们对长辈的敬重，不仅应体现在言语和行为上的礼貌，更应体现在对他们经验和智慧的尊重，比如愿意认真倾听他们的教诲；对朋友的敬重，应体现在尊重他们的选择和梦想，在他们遇到困难时给予支持。发自内心的敬重，能够让人与人之间的关系更加和谐、深厚，也能彰显一个人的高尚品德。

3. 诚非致虚，君子不行诡道。祸由己生，小人难于胜己。谤言无惧，强者不纵，堪验其德焉。

译文

真诚（诚信）而不弄虚作假，君子不会施行欺诈之道。灾祸往往是由自己引发的，小人难以战胜自己的私欲。面对诽谤的言论无所畏惧，强大也不会放纵自己，这可以用来检验一个人的品德。

“诚非致虚，君子不行诡道”，意思是君子具有真诚与诚信的品性，做事光明磊落，不会为了达到目的而走歪门邪道。此句中的“诚”，指的是真诚和诚信。

在中华传统文化中，真诚与诚信始终是备受尊崇的核心价值。《大学》里讲：“欲正其心者，先诚其意。”这是强调真诚与诚信对于个人内心修养具有基础性作用——只有心怀真诚与诚信，才能内心端正，进而在行为上表现出正直与善良。真正的君子将“诚”作为安身立命的根本，他们的一言一行皆源于内心深处的真实想法，绝不弄虚作假。

赵抃是北宋名臣，他在为官期间，始终秉持清正廉洁、真诚为民的原则。赵抃在成都任职之时，当地官场存在诸多不良风气，官员之间相互勾结、欺上瞒下，但他独善其身，不愿同流合污。他深入民间，了解民情并如实上报，为百姓争取利益；在处理政务时，他公正无私，不偏袒任何一方，一视同仁地对待每一个案件和每一位百姓。赵抃不仅赢得了百姓的爱戴，也震慑了当地官员，使成都的政治生态得到了极大的改善。

战国时期的张仪以纵横之术闻名，但他却经常在行纵横之术的过程中使用欺诈手段。在游说各国的过程中，张仪为了破坏各国的联盟，不惜编造谎言、欺骗他国君主。例如，他曾向楚怀王承诺，若楚国与齐国断交，秦国将割让六百里土地给楚国。楚怀王信以为真，但当楚国与齐国断交后，张仪却改口称只答应割让六里土地。张仪带有欺诈行为的纵横之术虽然在短期内为秦国的外交带来了一定的成果，但他也因此声名狼藉，遭到各国的唾弃。

真诚与诚信同样是企业生存与发展的基石。随着市场竞争日益激烈和信息传播高度透明化，消费者对于企业的要求越来越高，那些真诚服务与诚信经营的企业，更容易受到消费者的喜爱。

胖东来是零售业中真诚服务、诚信经营的典范。胖东来打破行业惯例，向顾客公开商品进货价，让顾客清楚地知道每件商品的利润空间，比如在矿泉水的价格标签上标出“售价：1.5 元”和“进货价：1.2 元”，这种透明化的操作赢得了消费者的深度信任。它还推行“无理由退货”政策，即使是吃了一半的西瓜、穿过的衣服，也能全额退款，这种看似吃亏的做法反而让顾客更愿意消费，年退货率不高反降，低至 0.1%。在“新冠”疫情期间，胖东来按成本价销售蔬菜，自己承担采购、运输等带来的亏损，单月亏损超 500 万元，但此举却换来了 40% 的客流量增长幅度和央视的点赞。此外，胖东来对员工也极其真诚，基层员工的薪资高于当地平均薪资水平 30%，每周二闭店让全体员工带薪休息，还设立“委屈奖”补偿那些受到无理指责的员工，因此，胖东来的员工流失率仅有不足 5%。在服务细节上，胖东来更是做到极致：提供 7 种型号的购物车，免费修鞋、修拉链，雨天为顾客的电动车座椅套塑料袋……这些看似“傻实在”的举动，却让胖东来成为零售界的传奇。胖东来的成功，证明真诚与诚信不是成本，而是最划算的投资。

“祸由己生，小人难于胜己”，意思是很多灾祸的根源在于自身的行为和品性有问题，尤其是对于那些小人而言。这里所说的“祸”含义极广，既包含外在的（如事业失败、人际关系破裂等）困境，也涵盖内在的内心痛苦、焦虑等负面情绪。

小人之所以常常陷入灾祸之中，很大程度上是因为他们被自私、贪婪、嫉妒等不良品性所左右，无法克制自身的欲望和冲动。美国血液检测公司 Theranos 和中国某地产公司的故事就是两个小人因贪婪而自毁的典型案例。

美国女子伊丽莎白・霍姆斯 19 岁从斯坦福大学辍学，创立了号称能用几滴血检测数百种疾病的 Theranos 公司。她利用自己的个人魅力与硅谷光环，吸引了包括默多克、基辛格在内的众多名流前来投资，公司估值一度高达 90 亿美元。谁也想不到，这一切都是建立在谎言之上：Theranos 公司的核心技术根本不存在，所谓的“革命性检测”是用传统设备伪造的结果。霍姆斯为了维持骗局，不惜威胁员工、伪造数据，甚至将错误的检测结果发给患者，导致患者误诊。为了财富与名望，霍姆斯明知公司宣称拥有的技术根本不存在，还是继续四处宣传，欺骗投资者与公众。最终，骗局被《华尔街日报》记者揭穿，Theranos 公司倒闭，霍姆斯被判刑 11 年，并面临巨额赔偿。霍姆斯被贪婪与虚荣驱使，选择用谎言创造商业帝国，最终不仅毁掉了自己的未来，还伤害了无数信任她的人。她的失败并非因为能力不足，而是因为道德底线崩塌。

某公司曾是中国房地产行业的明星，在短时间内通过高杠杆运作迅速扩张，跻身行业前列。然而，其成功背后隐藏着巨大的风险：为了追求规模，公司负债率一度超过 200%，远超行业安全线。更严重的是，为缓解资金压力，该公司挪用楼房预售资金，导致多个项目因资金链断裂而停工，成千上万的购房者面临“钱房两空”的困境。该公司不仅盲目追求规模，还无视风险，即使监管层多次警示高杠杆的危险，仍铤而走险，甚至通过复杂的金融手段隐藏真实负债。最终，随着房地产市场调控收紧，该公司资金链彻底断裂，债务危机爆发，创始人从“地产大亨”沦为“老赖”，公司也陷入破产重组的泥潭。这家企业失败的根本原因并非市场环境变化，而是公司老板对欲望的放纵和对规则的漠视。

“谤言无惧，强者不纵，堪验其德焉”这句话，揭示了品德的两个重要组成部分——面对诽谤时的定力和身处高位时的自律。这两者共同构成了一个人精神品格的试金石。

“谤言无惧”是定力的体现。面对诽谤，最有力的反击不是愤怒，而是用行动证明自己，这种定力是品德的重要组成部分。诽谤如同暗箭，考验的是一个人的心理韧性与智慧。有品德的人相信，谣言会止于智者，他们领悟了《论语》所言“人不知而不愠，不亦君子乎”的道理。马云在创立阿里巴巴之初曾被质疑是“骗子”，但他没有辩解，而是用支付宝的便捷与淘宝的繁荣回应了所有质疑。褚时健74岁出狱后种橙子，面对外界“作秀”的质疑，他默默耕耘十年，最终让“褚橙”成为励志符号。

强者不纵是自律的彰显。强者之所以强，不仅在于能力卓越，更在于能够克制欲望，这种自律是品德的重要体现。权力是品德的放大镜。许多人在身处低位时谦逊有礼，一旦登上高位便忘乎所以。反观任正非，在华为成为全球通信巨头后，他依然坚持坐经济舱、在食堂排队打饭，甚至在公司内部推行“轮值CEO”制度，防止个人权力过度集中。这种自我约束的背后，是他对“权力腐蚀人性”有深刻的认知。

品德不仅是道德高地的旗帜，更是现实生存的智慧。职场中，面对同事的恶意中伤，要选择用专业能力而非口水回应；创业中，面对资本的诱惑，坚守初心而非急功近利。这些都是“谤言无惧，强者不纵”的现代实践。

4. 不察其德，非识人也。识而勿用，非大德也。

译文

不能洞察一个人的品德，就不算真正懂得识人。认识到一个人的品德高尚却不加以任用，就称不上有高尚的德行。

“不察其德，非识人也”，说的是“识德”在“识人”中的重要性。

“识人”无疑是一门高深且关键的学问，无论是在拓展事业、维系友情还是在团队协作中，精准识人的能力都起着举足轻重的作用。然而，识人绝非仅判断一个人的才华、能力等，这些固然重要，但并不是核心，真正的核心是人的品德。正如《大学》所讲：“自天子以至于庶人，壹是皆以修身为本。”其中的“修身”，就是指品德的修养。一个人的品德，犹如大树的根基，深深扎根于人性的土壤之中，支撑其行为准则与价值取向，是其一切言行的内在驱动力。

孔子在《论语》中给出了识人的精妙方法：“视其所以，观其所由，察其所安，人焉廋哉？人焉廋哉？”此句深刻地指出，要全面且准确地判断一个人，需深入探究其行为的动机，细致观察其行事的方式方法，透彻了解其内心真正的追求与寄托。当我们从这三个维度去审视一个人时，他便难以隐藏自己的真实面目。这种识人的智慧，历经千年岁月的洗礼，依然熠熠生辉，为我们的人际交往提供了宝贵的指引。

从心理学角度剖析，人的品德与行为之间存在着紧密的关联。品德高尚的人，其内心深处的道德准则如同指南针，引导其在面对多种选择时，倾向于作出符合社会道德规范、有益于他人和社会的决策。例如，在面对利益诱惑时，具有诚信品德的人会坚守道德底线，不为短期利益所动，因为他们深知诚信是为人之本，一旦失去诚信，将失去他人的信任，最终损害自身的长远利益。这种内在的品德驱动，使得他们的行为具有一致性和可预测性。

在现代社会的企业招聘场景中，众多知名企业早已深刻认识到考察应聘者品德的重要性，并将其视为招聘环节中不可或缺的关键部分。以谷歌公司为例，其在招聘过程中，除了要对应聘者的专业技能进行严格考核外，还精心设计了一系列环节来观察其品德素养。在面试中，谷歌公司会设置一些团队合作项目，通过观察应聘者在团队中的表现，判断其是否具备团队协作精神、诚信精神等关键品德要素。比如，在一次模拟项目中，谷歌公司要求应聘者共同完成一个商业策划案。其中一位应聘者专业能力并不算十分突出，但在团队讨论中，他始终积极倾听他人意见，尊重团队成员的想法，主动承担一些烦琐但重要的基础工作，并且在数据收集与分析过程中秉持严谨认真的态度，确保数据的真实性与可靠性。而另一位应聘者专业技能出众，但在团队合作中表现得过于自负、独断专行，甚至为了凸显自己的正确，偷偷篡改了部分数据以证明自己的观点。最终，谷歌录用了前者。企业应该明白，一个能力出众但品德有缺陷的员工，就犹如一颗隐藏在内部的定时炸弹，可能引发泄露商业机密、破坏团队和谐氛围、引发客户信任危机等一系列风险，只有招聘到品德优良的员工，企业才能营造出积极向上、团结协作的企业文化，进而实现稳健、可持续发展。

“识而勿用，非大德也”，说的是要有用才之善，才能称得上有担当与胸怀的大德之人。

如果识人者凭借敏锐的洞察力，成功识别出一个人既拥有高尚的品德，又具备出众的才能，却又因为种种主观或客观的原因，不给予其施展才华的机会，任其才华被埋没，那么无疑是一种巨大的资源浪费。更为重要的是，这种行为从侧面反映出识人者自身德行修养不足。真正拥有大德的人，内心都有一架公正无私的天平，且包容、豁达。他们深知人才对于社会发展的重要推动作用，因此会积极主动地为品德高尚、才能卓越者搭建施展才华的舞台，助力他们实现个人价值最大化，而这种行为也将为社会带来福祉。

《孟子》有云：“尊贤使能，俊杰在位，则天下之士皆悦而愿立于其朝矣。”这句话清晰地表明，尊重贤能之人并合理任用他们，能够吸引更多优秀人才汇聚，从而推动社会向繁荣的方向发展。

唐朝的狄仁杰堪称识才且用才的典范。他深知人才对于国家治理的重要性，因此在为官期间积极发掘和举荐有识之士。他举荐张柬之的时候，张柬之已年逾八十，但狄仁杰认为他有宰相之才，且品德高尚，定能为朝廷作出贡献。后来，张柬之果然不负所望，在武则天后期发动政变，恢复了李唐江山，为唐朝的延续与发展立下汗马功劳。狄仁杰识才且用才，展现出了高尚的品德与广阔的胸怀，成为后世传颂的典范。

在教育领域，教师肩负着培养祖国未来栋梁的神圣使命，对于学生的成长发展起着至关重要的引导作用。一位优秀的教师，不仅要有扎实的专业知识，更要具备敏锐的观察力与高尚的师德，善于发现学生身上的闪光点，尤其是优秀的品德和潜在的学习能力。教师若能敏锐地察觉到学生的独特优势，给予其更多的指导与鼓励，为他提供参与竞赛、社团活动等锻炼机会，帮助他发挥自身优势，那么极有可能促使其在未来取得巨大的成功，人生绽放出耀眼的光芒。反之，若教师因为个人的偏见，如仅看重考试成绩，而对那些品德优秀、在某些方面潜力巨大的学生视而不见，不给予应有的关注与培养，那么他不仅错失了培养出优秀人才的宝贵机会，也难以在师德层面得到学生的敬重与社会的认可。

我们每个人都应当努力提升自己识人的能力，练就一双能够精准洞察他人内在品质的慧眼，而且，当我们有幸发现品德高尚之人时，要坚决摒弃内心的偏见与狭隘，以积极主动的姿态，为他们提供广阔的发展空间与充足的发展机遇。如此，不但我们个人的德行修养得以提升，社会也将因为各类人才得到充分任用而变得更加繁荣昌盛。